EXPÉDITION DE SARDAIGNE

ET

CAMPAGNE DE CORSE

(1792-1794)

AVEC SEPT CARTES DANS LE TEXTE

Par le Capitaine Emile ESPÉRANDIEU

CORRESPONDANT DU MINISTÈRE DE L'INSTRUCTION PUBLIQUE

OFFICIER DE L'INSTRUCTION PUBLIQUE

PARIS

11, PLACE SAINT-ANDRÉ-DES-ARTS.

LIMOGES

46, NOUVELLE ROUTE D'AIXE, 46.

HENRI CHARLES-LAVAUZELLE

Editeur militaire.

EXPÉDITION DE SARDAIGNE

ET

CAMPAGNE DE CORSE

(1792-1794)

EXPÉDITION DE SARDAIGNE

ET

CAMPAGNE DE CORSE

(1792-1794)

Par le Capitaine Emile ESPÉRANDIEU

CORRESPONDANT DU MINISTÈRE DE L'INSTRUCTION PUBLIQUE

OFFICIER DE L'INSTRUCTION PUBLIQUE

(Extrait de la *Revue militaire universelle*)

PARIS || LIMOGES

11, Place St-André-des-Arts. || Nouvelle Route d'Aixe, 46

Henri CHARLES–LAVAUZELLE

Éditeur militaire

1895

EXPÉDITION DE SARDAIGNE

ET

CAMPAGNE DE CORSE

(1792-1794)

Expédition de Sardaigne (1)

I

Idée première de l'expédition. — Mémoire et plan d'opérations d'Antonio Constantini. — Approbation du représentant Salicetti. — Insistance de l'ex-député Marius de Peraldi. — Le Conseil exécutif ordonne l'expédition.

L'idée première de l'expédition de Sardaigne est due à un marchand de grains, Antonio Constantini, autrefois établi à Sassari, mais né à Bonifacio, et député par cette ville à l'Assemblée législative.

---

(1) Les documents originaux dont il a été fait usage sont conservés pour la plupart aux archives historiques du dépôt de la guerre (carton Corse, années 1792-1804). M. l'abbé Letteron les a publiés dans le *Bulletin de la Société des sciences historiques et naturelles de la Corse*, 10ᵉ année (Bastia, 1890, in-8°), sous le titre : *Pièces et documents divers pour servir à l'histoire de la Corse pendant la Révolution française.* L'expédition de Sardaigne a été déjà décrite avec quelques détails dans un mémoire fort intéressant publié par MM. Krebs et Moris dans le tome XII (1890) des *Annales de la Société des lettres, sciences et arts des Alpes-Maritimes, p.* 286 à 310.

« Les dispositions de la cour de Turin envers les França is libres, disait-il dans un *mémoire* qu'il adressa aux pouvoirs publics le 14 mai 1792, sont suffisamment manifestées par les rassemblements de troupes ennemies qu'elle a réunies aux siennes sur les frontières de la Savoie du côté de la France, pour que l'on puisse, sans blesser le droit des gens, prévenir leurs mesures hostiles en employant sur-le-champ des moyens offensifs... »

Constantini cherchait ensuite à démontrer que la cour de Turin n'attendait qu'une occasion favorable pour s'emparer du port de Monaco, « dont la France avait besoin pour donner asile à ses galères », et il concluait soit à l'évacuation de cette ville, où nous avions alors une garnison de 500 hommes et de nombreux approvisionnements de vivres et de munitions, soit à une déclaration de guerre, qui lui souriait beaucoup plus, parce qu'il pensait que la France y trouverait plusieurs profits.

« En considérant la nation française comme devant agir offensivement contre le roi de Sardaigne, question que l'Assemblée nationale et le Conseil national exécutif sont seuls en état de discuter et de juger, il se présente, disait-il, deux moyens faciles et peu coûteux de lui porter un préjudice notable dans ses finances qui tournerait à notre avantage.

» Le premier consiste à attaquer la ville de Nice, dont le port est sans défense...

» Le second consiste à faire faire une descente dans l'île de Sardaigne par les troupes et les gardes nationales de l'île de Corse, qui se chargeraient de cette expédition avec transport, d'après la rivalité, la haine même qui a de tout temps existé entre les habitants de ces deux îles.

» Elles ne sont séparées l'une de l'autre que par un bras de mer de trois lieues : rien ne s'opposerait à la descente, et il est aisé de calculer le fruit qu'on pourrait en retirer, si l'on considère que la Sardaigne fournit de superbes chevaux à toute l'Italie et qu'elle renferme une prodigieuse quantité de bœufs et d'autre bétail.

» On pourrait donc, en faisant quelques sacrifices pour assurer cette expédition et lui donner la plus grande célérité, disposer secrètement beaucoup de bâtiments propres au transport des chevaux et des bœufs et les faire monter par les gardes nationales du département du Var et des Bouches-du-Rhône, qui joignent à une bravoure et à un patriotisme éprouvés l'intérêt particulier de leur position.

» Ces bâtiments se rendraient en diligence dans le détroit des Bouches-de-Bonifacio, où ils recevraient les troupes et les gardes nationales de Corse. La descente s'effectuerait aussitôt, et il est probable qu'elle serait suivie d'un heureux succès si le secret et l'activité des préparatifs, répondant à l'ardeur des soldats de la patrie, ne laissaient pas aux Sardes le temps de réunir des forces suffisantes à leur opposer.

» Ce moyen procurerait une cavalerie imposante à notre armée du midi, et la pourvoirait en abondance de tous les bœufs nécessaires à sa subsistance (1). »

Le mémoire de Constantini était complété par un appendice, intitulé : *Quelques notions sur l'île de Sardaigne propres à former un plan d'attaque*, dont l'influence fut considérable sur les événements qui suivirent.

« Il convient, y est-il dit, de commencer par s'emparer des îles de la Madeleine et de celles adjacentes appelées les Bouches-de-Bonifacio; un fort, du canon et quelques troupes empêchent le passage de nos vaisseaux entre la Corse et la Sardaigne. Ces îles ne sont pas difficiles à conquérir parce que les habitants, d'origine corse, seraient flattés d'être unis à cette île et par suite à la France. — Il faudrait s'emparer en même temps de la demi-galère sarde qui séjourne dans un port de ces petites îles et de

---

(1) Arch. hist. cart. Corse, 1792-1804. (Pièces et doc. t. I. p. 5.)

quelques autres petits bâtiments qui gardent les côtes de Sardaigne.

» S'emparer en même temps d'un château appelé la Tour de Longo-Sardo, situé vis-à-vis la ville de Bonifacio. Il y a du canon et fort peu de troupes; cet endroit assure le séjour de nos vaisseaux dans ce port et le débarquement de nos troupes en cas de besoin.

» Se ménager des intelligences secrètes avec les habitants de la ville de Tempio, qui est située à 10 lieues de la mer; elle est munie d'une garnison peu nombreuse. Ce qu'il y a à craindre pour le succès de l'entreprise, ce sont les Sardes mêmes, que la politique de la cour de Turin soudoie pour se les attacher; mais il est aisé de les lui détacher par le même moyen en formant d'abord des régiments sardes, dont les emplois seraient donnés aux individus qui se montreraient les plus disposés pour la France. On suivrait la même méthode pour tous les villages qui l'entourent.

» S'emparer aussi des deux petites villes situées, l'une sur la droite de Tempio, appelée Terranova, et l'autre sur la gauche, appelée Castel-Sardo.

» Cette dernière est une place de guerre située sur un rocher et au bord de la mer. Il sera un peu difficile de la prendre si l'on ne parvient pas à se ménager des intelligences dans la place; mais, dans ce cas, on peut la bombarder par la mer.

» On marcherait ensuite en droiture à la ville de Sassari, très peuplée; elle a un régiment de garnison en temps de paix, mais le bourgeois est mécontent du gouvernement. Par ce moyen, il n'est pas difficile de s'y ménager ou y entretenir des intelligences. Il serait bon aussi de sonder leurs dispositions pour la Révolution française par une profusion de notre constitution en langue sarde.

» Dans le cas où l'usage d'une force armée deviendrait nécessaire, elle doit être de 12.000 hommes, c'est-à-dire

6.000 hommes de troupes de ligne et 6.000 volontaires nationaux, dont 2.000 Corses. En mettant le siège à cette ville, on s'emparerait de la moitié de la Sardaigne.

» D'ailleurs on y parviendrait encore par un blocus, parce que, tirant tous ses approvisionnements des campagnes voisines, il serait facile de lui couper les vivres, et notre armée en trouverait abondamment, étant maîtresse d'une campagne qui en a une grande quantité.

» De là on marchera à Alghero, ville de guerre sur les bords de la mer; quoique pas aussi peuplée que Sassari, elle est d'une prise plus difficile; elle a toujours un régiment en garnison et est assez bien fortifiée; mais on peut s'y faire un parti et lui couper les vivres qu'elle retire de la montagne.

» Cette place prise, on est assuré de la conquête de la capitale, Cagliari; il faudrait y marcher avec toute la troupe qu'on aurait à sa disposition, et avec les Sardes qu'on aurait pu gagner. Elle est la résidence du vice-roi. Il est très possible de s'y faire un parti avec de l'argent; alors qu'on serait parvenu à s'y loger, les autres villes de montagne et les villages feraient peu de résistance, et dans un mois on pourrait occuper la Sardaigne.

» Pour donner à ce plan toute son exécution, il faut faire passer rapidement en Corse les troupes nécessaires et les tenir prêtes à débarquer en Sardaigne; entretenir des vaisseaux vers les ports de Nice et de Livourne pour empêcher le roi de Sardaigne de porter secours à cette île, soit en troupes, soit en munitions. Ces mesures prises, une armée médiocre s'en rendrait maîtresse, y trouverait les ressources nécessaires pour y subsister, et n'aurait besoin, pour le reste, d'autres impositions que celles qui existent du gouvernement sarde.

» Il faudrait aussi, pour préparer les effets de ce plan, envoyer dans la Sardaigne des citoyens affidés connaissant bien le pays, les moyens de le préparer à une insurrection et ceux de la soutenir à notre avantage en la combinant avec la force qu'on ferait marcher en temps utile.

» Ainsi le sieur Constantini, dont les connaissances du pays sont très familières par le long séjour qu'il y a fait, et dont le zèle et les vœux pour le succès de nos armes sont hors de doute par les sentiments vrais et énergiques de liberté et d'amour de la Constitution dont il fait profession, pourrait remplir, dans cette contrée, une mission très avantageuse dans la situation actuelle des choses.

» Il offre de s'y consacrer entièrement si le Gouvernement veut le revêtir d'un caractère public (1). »

Le procureur-général syndic du département de la Corse, Salicetti, qui avait eu connaissance du mémoire de Constantini, l'avait approuvé en ces termes :

Je regarde l'exécution de ce projet comme sujette à peu de difficultés, eu égard à la faiblesse des moyens de défense du roi de Sardaigne et au peu d'attachement des naturels au gouvernement actuel. Je pense même que si l'on parvient à combler les deux ports de Cagliari et de Sassari, il sera (2) difficile au tyran de la Sardaigne d'y rétablir son pouvoir.

D'après toutes ces considérations, animé du zèle le plus pur pour la défense de la Constitution, je vous propose de donner les ordres nécessaires pour l'exécution du projet, pour le succès duquel il ne nous faudrait que des munitions, quelques bâtiments de guerre et quelques secours en argent ; pour tout le reste, comptez sur le courage et sur le patriotisme des citoyens de ce département (3).

Le 23 juillet, l'ex-député Marius de Peraldi insiste, à son tour, pour que l'expédition de Sardaigne soit ordonnée (4). Il rédige, à cette occasion, un mémoire qui est apostillé par Carnot, et, vers le milieu de septembre, le Conseil exécutif provisoire prend un arrêté qui prescrit aux Ministres de la guerre et de la marine de se concerter

(1) Arch. hist., cart. Corse, 1792-1804. (Pièces et doc., t. I, p. 10.)

(2) La lettre porte : « il serait ». Sassari n'est pas un port ; Salicetti voulait sans doute parler de Porto-Torres.

(3) Arch. hist., cart. Corse, lettre datée de Corte, le 17 juin 1792. (Pièces et doc., t. I, p. 14.)

(4) Arch. hist., cart. Corse, lettre datée de Toulon.

ensemble sur les moyens les plus propres qu'il conviendra d'employer pour faire passer à Cagliari, ville capitale de la Sardaigne, et dans les autres principales villes maritimes, les forces présumées nécessaires pour pouvoir, d'accord avec leurs habitants, les défendre contre toute attaque (1).

L'article 2 de cet arrêté dit qu' « il sera nommé un ou deux commissaires du pouvoir exécutif pour s'embarquer sur un des bâtiments de guerre de la République, qui transporterait quelque portion desdites forces, lequel serait chargé, avant qu'il fût question d'aucun débarquement de troupes françaises sur l'île, de tâcher d'entrer en négociations avec les principaux chefs de ses habitants pour convenir des conditions auxquelles la République leur accorderait sa protection et leur fournirait les forces nécessaires pour, de commun accord en tout et partout, défendre leur pays contre les ennemis qui oseraient l'attaquer, et contribuer au bonheur de la nation sarde en tout ce qui dépendrait d'elle ».

A peu près vers la même époque, le Conseil exécutif décide également qu'il « sera dépêché une personne sûre auprès de M. Paoli, pour l'engager à réunir, dès à présent, tous les moyens qui peuvent être à sa disposition pour l'entreprise projetée » (2).

---

(1) Arch. hist., cart. Corse, corr. de 1792. (Pièces et doc., t. I, p. 23.)

(2) *Recueil des actes du comité de Salut public*, 32e séance, 19 septembre 1792. (Pièces et doc., t. I, p. 404.)

II

En conséquence de l'arrêté du Conseil exécutif, des instructions communes, en vue d'une descente en Sardaigne,
sont données, le 10 octobre, au lieutenant général d'Anselme, qui commande l'armée des Alpes, et au contre-
amiral Truguet, dont l'escadre est inoccupée dans la rivière
du Ponant.

« Le Conseil voudrait, y est-il dit, que l'armée de terre
et de mer se grossît des volontaires de Marseille et des bâtiments de transport sur lesquels ils doivent s'embarquer ;
qu'elle mît à la voile du golfe Jouan et fît route vers l'île
de Corse, en faisant recueillir à Bastia et Calvi, par des
frégates et des transports, les troupes et les volontaires
corses que ces deux endroits pourraient fournir contre les
tyrans de la Sardaigne.

» Les généraux descendraient à terre à Ajaccio et y
feraient mouiller toute la flotte. Ils pourraient joindre à
leur armée 3.000 hommes de troupes de ligne ou volontaires corses qui sont répandus dans cette île ; ils écriraient,
en conséquence, au général Paoli et à l'ex-député Peraldi
de faire marcher ces troupes vers le port d'Ajaccio, où se
ferait l'embarquement général (1). »

---

(1) Un duplicata de ces instructions est envoyé, le 31 octobre, au
général d'Anselme, qui le reçoit le 7 novembre.

D'Anselme reste libre de se placer à la tête de l'expédition ou d'en confier le commandement à un officier sûr.
Le Conseil ne prescrit rien sur la manière d'attaquer la
Sardaigne et s'en remet entierement aux « mesures combi-
nées entre les deux généraux d'Anselme et Truguet ». Il
indique seulement que les Sardes devront être traités avec
humanité et qu'il leur sera demandé tout le blé qu'ils
pourront fournir.

De sérieux préparatifs sont faits à Marseille, et deux
commissaires spéciaux, Marius de Peraldi et Barthélemy
Arena, sont envoyés l'un en Corse, l'autre à Nice, pour lever
toutes les difficultés de l'expédition (1).

Elles sont nombreuses, et le lieutenant général d'Anselme, dès qu'il apprend les intentions du Gouvernement,
s'empresse de faire connaître au Ministre de la guerre que
« l'accroissement des troupes autrichiennes venant du
Milanais dans le Piémont, et leur avant-garde de 2.000
hommes qu'ils viennent de porter sur Saorgio, aux ordres
du général Brintano », le mettent « dans le cas de suspen-
dre, au moins pour quelque temps, les dispositions rela-
tives à l'attaque de la Sardaigne (2) ».

Il fait observer, de plus, que la ville de Cagliari est
défendue par quatre bataillons de troupes de ligne et que
le siège de cette place, très bien fortifiée, demandera au
moins deux mois et 8 ou 10.000 hommes qu'il faudra tirer
du continent. « Car, dit-il, il faut peu compter sur les
secours des Corses, leur île (3) n'ayant dans ce moment

---

(1) *Recueil des actes du comité de Salut public,* 45ᵉ séance, 10 octobre 1792. (Pièces et doc., t. I, p. 404.) Peraldi est à Toulon le 6 octobre,
après avoir été retenu pendant quatre jours à Avignon, par suite d'un
débordement de la Durance. Arena arrive à Nice le 24 octobre; il remet
à d'Anselme l'instruction qui lui est destinée et dépêche l'autre à Truguet, dont l'escadre est alors ancrée dans le golfe de la Spezzia.

(2) Arch. hist., cart. Corse, lettre datée de Nice le 8 novembre 1792.
(Pièces et doc., t. I, p. 43.)

(3) La lettre dit : « cette île ».

que quatre bataillons de gardes nationales mal armées et
dont le général Paoli ne croira certainement pas pouvoir
se dégarnir en totalité. Il est probable, ajoute-t-il, que le
roi de Sardaigne n'attend que l'instant de cette tentative
pour nous attaquer dans le comté de Nice, ce qu'il pourra
faire avec des forces plus que doubles de celles que
nous pourrons y laisser (1). »

Barthélemy Arena, pour si partisan qu'il soit de l'expédition, est du reste obligé de convenir lui-même qu'elle
n'est pas sans laisser prévoir de très graves inconvénients.

« On est assuré maintenant, écrit-il, que les Autrichiens
du Milanais se portent en Piémont, au secours du roi de
Sardaigne, et qu'ils ont le dessein de faire une tentative sur
le comté de Nice. Aussi, pour le moment, il faut se borner
à observer leurs mouvements, à exercer nos troupes, à les
discipliner et à bien conserver cette partie, et il serait
extrêmement dangereux d'affaiblir cette armée ou d'en
éloigner le général (2). »

De leur côté, le contre-amiral Truguet et le commissaire
du Gouvernement de Peraldi font tous leurs efforts pour
engager l'expédition (3), et le premier reçoit tous pouvoirs
pour prendre telles mesures qu'il jugera convenables pour
en assurer le succès. Le contre-amiral n'a d'ailleurs aucune
inquiétude; au moment de partir pour l'expédition, il a
même écrit qu'il lui suffirait de se présenter devant
Cagliari pour faire capituler cette ville en n'y employant
que les seules forces navales dont il a le commandement (4).

---

(1) Arch. hist., cart. Corse, lettre datée de Nice le 9 novembre 1792.
(Pièces et doc., t. I, p. 44.)

(2) Arch. hist., cart. Corse, lettre datée de Nice le 8 novembre 1792.
(Pièces et doc., t. I, p. 43.)

(3) Arch. hist., cart. Corse, lettre non datée de Peraldi. (Pièces et doc.,
t. I, p. 54.)

(4) Arch. hist., cart. Corse, lettre datée du bord du *Tonnant* le 17
octobre 1792. (Pièces et doc., t. I, p. 30.)

Mais, vers la fin d'octobre ou le commencement de novembre, mieux pénétré des difficultés qui l'attendent, il prend le parti d'envoyer une réquisition au général Paoli pour le conjurer, au nom de la patrie, d'interposer son influence et ses moyens personnels afin que le rassemblement des troupes que la Corse peut fournir soit incessamment formé dans la ville d'Ajaccio. Il ajoute qu' « une frégate sera envoyée dans ce port pour prendre ces troupes et les conduire dans la rade de Saint-Pierre (1) ».

Jusque-là le contre-amiral Truguet a eu l'illusion de croire cependant qu'il ne sera pas utile de recourir aux troupes continentales pour se rendre maître de la Sardaigne. Le Conseil exécutif, d'ailleurs éclairé aussi bien par les lettres de d'Anselme que par celles d'Arena, de Peraldi et de tous ceux qui, à un titre quelconque, ont à s'occuper de l'expédition, en décide autrement et tranche la question en formant un corps de débarquement de 6.000 Provençaux dont on ne sait que faire (2). C'est ainsi que l'armée de Sardaigne se trouve constituée, pour une partie, de volontaires nationaux qui s'équipent à Marseille et doivent s'embarquer à Toulon, et, pour l'autre, de tout ce que l'on peut réunir des milices de Paoli.

D'Anselme, qui ne dispose guère que de dix à douze mille hommes, essaie fort inutilement de s'opposer au retrait d'un renfort, bien mauvais sans doute, mais d'autant plus nécessaire cependant, que les Piémontais paraissent toujours sur le point de prendre l'offen-

---

(1) Arch. hist., cart. Corse, pièce non datée. (Pièces et doc., t. I, p. 39.)

(2) Ces Provençaux étaient des gens, fort peu recommandables pour la plupart, qui avaient été levés, dans le courant de septembre 1792, pour seconder l'expédition de Nice. Le général d'Anselme, qui ne les aimait pas, ne les avait acceptés qu'à défaut de meilleures troupes, et la municipalité de Marseille avait hâte de s'en débarrasser. (Voir, aux Arch. hist., une lettre de la municipalité de Marseille datée du 8 octobre 1792: Pièces et doc., t. I, p. 28.)

sive (1). Le Conseil exécutif envoie sur les lieux, en mission extraordinaire, un nouveau commissaire, le représentant Maurice, qui arrive à Marseille le 3 décembre et s'entend avec la municipalité pour presser les armements que l'on fait dans cette ville (2), pendant que d'Anselme est invité, de son côté, à diriger immédiatement sur le port de Toulon les volontaires nationaux que l'on destine à l'expédition de Sardaigne. Par malheur, la municipalité de Toulon, par crainte des volontaires, dont les actes de brigandage ne se comptent plus, s'oppose formellement à ce que le corps expéditionnaire s'embarque dans cette ville, où trente-trois bâtiments, protégés par la frégate la *Fortunée*, se trouvent en rade depuis un mois avec des approvisionnements qui commencent à se gâter (3).

---

(1) Arch. hist., cart. Corse, lettres des 31 oct., 9, 15 et 26 nov. 1792.

(2) Arch. hist., cart. Corse, ordre du Ministre de la guerre daté du 23 nov.; lettres de Maurice datées de Marseille le 6 déc. et de Toulon les 10 et 17 déc. (fin de mission). (Pièces et doc., t. I, p. 57 et 64.)

(3) Arch. hist., cart. Corse, lettre de l'ordonnateur Vincent datée de Toulon le 9 déc.; lettre de Maurice datée de Toulon le 10 déc.; lettre d'Arena datée de Nice le 17 déc. (Pièces et doc., t. I, p. 62, 64 et 70.)

Voici la liste de ces approvisionnements:

« *Vivres*. — 4.500 quintaux biscuit, 1.500 barriques de vin de trois milleroles l'une, 6.014 quintaux de bois à brûler, 120 barils de farine, 360 quintaux foin, 600 moutons vivants, 50 milleroles huile fine, 7 milleroles pour brûler, 11 quintaux chandelles, 7 quintaux sucre, 245 quintaux riz, légumes suffisants, 700 barils bœuf et lard salé, 144 quintaux fromage, 260 quintaux morue salée, 160 livres moutarde, 50 milleroles vinaigre, et de l'eau pour deux mois. (Le biscuit avait été embarqué sans passer par les étuves, où il aurait dû rester six semaines.)

» *Munitions d'artillerie*. — 6 pièces de canon en fonte de 14 et 6 de 18 montées sur leurs affûts de campagne, 4 mortiers à bombes de 12 pouces montés sur leurs crapauds, 2 crapauds de rechange, 2.200 bombes, 4.000 boulets de 4, 2.000 de 8, 2.000 de 6, 1.000 de 12, 2.000 de 18, 2.000 de 24, 1.000 de 16, 3.000 crapes et boëtes à la suédoise, 3.000 cartouches à balle, 80.000 pierres à fusil, 10.000 étoupilles, 1.000 lances à feu, 100 porte-lances, 100 quintaux mitraille, 20.000 cartouches en papier de divers calibres, 12 chariots à bagages et 12 à poids, 12 caissons, 600 tentes de dix hommes chaque avec leurs bois, 100 manteaux d'armes, 600 marmites pour dix hommes chaque, 600 gamelles, 600 bidons (le tout en fer-blanc anglais), 6.000 petits bidons avec leurs

Les objurgations de Maurice, les instances du général d'Anselme et des commissaires de la Convention ne peuvent triompher de cette résistance (1); la municipalité de Toulon se montre inflexible, et l'on doit se résoudre, fort à regret, à faire embarquer les volontaires nationaux dans la rade de Villefranche. Toute la flotte de transport y arrive le 21 décembre et passe sous les ordres du capitaine Saint-Julien, qui doit la convoyer jusqu'à Ajaccio avec les deux vaisseaux de guerre la *Poulette* et le *Commerce-de-Bordeaux* (2).

---

banderoles, 500 quintaux poudre en barils, 900 gamelles, 900 bidons en bois, 600 serpes, 600 pioches, 600 pelles, 600 porte-coups. » (Arch. hist., cart. Corse, 1792-1804. (Pièces et doc., t. I, p. 41.)

(1) Arch. hist., cart. Corse, lettre du Ministre de la guerre au Ministre de la marine datée du 18 décembre.

(2) Arch. hist., cart. Corse, lettre du commissaire ordonnateur Vincent au Ministre de la marine datée de Toulon le 13 décembre; lettre du commissaire ordonnateur Pourcel datée de Nice le 22 décembre. (Pièces et doc., t. I, p. 74.)

On avait tout d'abord décidé que l'embarquement se ferait au golfe Jouan; mais le capitaine Saint-Julien demanda et obtint qu'il aurait lieu à Villefranche, où les vents contraires se font moins sentir. (Lettre de Brunet datée de Nice le 31 décembre. Pièces et doc., t. I, p. 78.)

III

Le contre-amiral Truguet se rend à Ajaccio. — Concentration autour
de Villefranche des bataillons de volontaires provençaux. — Le général d'Anselme est destitué et remplacé par le général Brunet. — Préparatifs en Corse. — Echauffourée du 18 décembre. — Conséquences.

Le contre-amiral Truguet, dans son impatience de commencer les opérations, n'a pas cru devoir attendre les
volontaires. Il n'a jamais d'ailleurs douté de leur concours,
et dès le 10 décembre il s'est mis en route pour se rendre
à Ajaccio (1). Il a espéré, dans le principe, que tous les
vaisseaux de son escadre pourraient agir simultanément
contre la Sardaigne, mais un ordre de la Convention, qui
lui est parvenu à la Spezzia vers le 1er décembre, lui a
prescrit d'envoyer à Naples le capitaine Latouche-Tréville,
avec dix vaisseaux, pour porter un ultimatum au roi des
Deux-Siciles (2).

Latouche-Tréville, sa mission terminée, doit rallier son
chef dans les eaux sardes ; toutefois, par suite de ce contretemps, le commandant de l'expédition de Sardaigne n'a plus
avec lui que les quatre vaisseaux de ligne, le *Tonnant*, le
Centaure, le *Vengeur* et l'*Apollon*, les cinq frégates l'*Iris*,
la *Vestale*, la *Sensible*, la *Minerve* et la *Fortunée*, et la corvette *la Badine* (3).

Le 15 décembre, le contre-amiral Truguet arrive dans

---

(1) Arch. hist., cart. Corse, lettre de Truguet datée du *Tonnant* le
10 décembre. (Pièces et doc., t. I, p. 66.)

(2) On a voulu exiger de lui qu'il proclame la neutralité de ses Etats,
et surtout qu'il désavoue son ambassadeur à Constantinople, dont les
intempérances de langage ont fait que le sultan se refuse à recevoir
notre propre ambassadeur, le comte de Semonville.

(3) La corvette *la Badine* a été envoyée à Gênes pour y prendre
600.000 francs fournis en deux jours par les commerçants français de
cette ville, et en particulier par la maison Reigny et Cie. (Arch. hist.,
cart. Corse, lettres de Truguet des 6 et 10 décembre.)

le golfe d'Ajaccio (1). En y entrant, le *Vengeur* fait une fausse manœuvre et touche si malheureusement contre les rochers, près de la chapelle des Grecs, qu'on est contraint de l'échouer et de l'abandonner du côté de la *Sciarobola* (2).

Sur le continent, les préparatifs continuent, mais avec beaucoup de lenteur. A la date du 16 décembre, l'ordre suivant a été envoyé aux bataillons de volontaires désignés pour l'expédition (3) :

Ordre aux bataillons composant le corps de 6.000 Marseillais d'arriver, savoir :

Celui des Martigues, aujourd'hui le 16, à Nougens (4) et Valaurie (5).
Celui de l'Union, le 17, à Grasse.
Celui de Luberon, le 17, à Vence.
Celui de Vaucluse, le 18, à Grasse.
Celui de Tarascon, le 19, à Grasse.
Celui de Luberon (6), le 20, à Saint-Paul et la Colle.

Le Maréchal de camp, chef de l'état-major,

Saint-Martin.

---

(1) Arch. hist., cart. Corse, lettre de Peraldi datée d'Ajaccio le 22 décembre. (Pièces et doc., t. I, p. 75.)

(2) La *Sciarobola* était un micocoulier gigantesque qui a donné son nom au quartier voisin des haras. Le *Vengeur* avait à bord 30 pièces de 18, 14 pièces de 8 et 4 caronades de 36, qui servirent à armer, dans le courant de mars 1793, 4 batteries établies à Castel-Vecchio, à la chapelle Sainte-Lucie, sur le terrain de l'ancienne église des Capucins, et sur le terrain vague qui s'étendait entre le mur d'enceinte et le faubourg. Dans la nuit du 24 au 25 octobre 1793, l'épave du *Vengeur* fut brûlée par des pêcheurs ajacciens qui espéraient en emporter les fers et qui, surpris par le poste de Castel-Vecchio, n'hésitèrent pas à faire le coup de feu pour se dégager. Le canon de la citadelle les ayant forcés à se rendre, sept patrons pêcheurs furent arrêtés par ordre de la municipalité et passèrent en jugement. (Arch. de la Corse, F₁, L₈₀ et L₈₁, cartons nᵒˢ 11 et 12. Cf., en particulier, une lettre du lieutenant de vaisseau Le Dall'Kéon, datée du 24 février, et une délibération des administrateurs du diocèse, datée du 30 octobre 1793.) Le *Vengeur* avait à bord 90 hommes du 39ᵉ et 112 marins qui furent casernés dans l'ancienne église des Jésuites. (Arch. dép., F₁, L₁₆₁, carton nᵒ 19.)

(3) Arch. hist., cart. Corse, note du 16 décembre 1792. (Pièces et doc., t. I, p. 70.)

(4) Lisez : Mougins.

(5) Lisez : Vallauris.

(6) Lisez : celui *d'Aix*.

Disposés depuis peu sur la rive droite du Var, ces volontaires peuvent être embarqués facilement, mais il ne leur manque que le plus utile : des fusils et des munitions (1). Pour leur en procurer, la municipalité de Marseille s'est vainement adressée d'abord à Gênes, puis à Saint-Etienne, où elle a dépêché un commissaire spécial (2). Par surcroît, l'indiscipline des Provençaux a été portée au plus haut point, et cause de telles appréhensions, que le général d'Anselme fait pressentir au contre-amiral Truguet qu'il ne les laissera pas partir. Il le lui fait même écrire par le représentant du peuple Arena (3) ; mais si cette mesure est prudente, et l'avenir le prouvera, elle est aussi peu faite pour plaire aux partisans de l'expédition, et plus particulièrement à celui qui en a reçu toute la direction.

« J'espère, écrit avec aigreur l'amiral Truguet au ministre de la marine, avoir bientôt des nouvelles satisfaisantes à vous annoncer sur le succès de l'expédition de Sardaigne, expédition dont j'avais calculé et présenté tous les avantages et les difficultés, sans m'attendre néanmoins que j'aurais à triompher, dans l'exécution, de quelques entraves sur lesquelles mon patriotisme et mon zèle ne me permettent point de réfléchir (4). »

Le contre-amiral finit cependant par avoir gain de cause; d'Anselme est destitué et mandé à Paris pour se justifier (5), et le général Brunet, qui le remplace provisoire-

---

(1) Arch. hist., cart. Corse, lettre d'Arena datée de Nice le 17 décembre. (Pièces et doc., t. I, p. 70.)

(2) Arch. hist., cart. Corse, lettre de Maurice datée de Marseille le 6 décembre. (Pièces et doc., t. I, p. 57.)

(3) Arch. hist., cart. Corse, lettre d'Arena datée de Nice le 17 décembre. (Pièces et doc., t. I, p. 70.)

(4) Arch. hist., cart. Corse, lettre datée du *Tonnant* le 10 décembre 1792. (Pièces et doc., t. I, p. 66.)

(5) Arrêté du 16 décembre, parvenu à Nice le 30.

ment, se hâte de faire embarquer les Marseillais, dont il ne sait que faire.

Le convoi, nolisé depuis trois mois, a déjà coûté 432.000 francs en pure perte, ce qui est d'autant plus fâcheux que les troupes ne sont pas payées (1).

Dès son arrivée en Corse, Truguet active, par tous les moyens, la formation des contingents qui doivent en être tirés pour l'expédition de Sardaigne. Mais le lieutenant-général Paoli ne dispose que de peu de monde (2) et ne peut fournir, par suite, qu'une partie des 3.000 hommes qui lui sont demandés. Sollicité par l'ambassadeur de Semonville — alors à Saint-Florent en attendant qu'il lui soit possible de rejoindre son poste à Constantinople (3), — par le ministre de la guerre (4), et surtout par son ami de Peraldi, il n'est parvenu à réunir à Ajaccio, malgré tous ses efforts, que 1.800 hommes de troupes de ligne ou de volontaires avec 13 pièces de campagne ou de montagne (5).

Les choses en sont là, le 18 décembre, lorsque surgit à terre un sérieux conflit entre les marins de l'escadre et les volontaires corses. Vers les quatre heures du soir, une dispute s'élève entre un sergent-major de volontaires nationaux appelé Anton Padouan Susini, de Sartène, et un matelot de Truguet. Une patrouille les arrête et les emmène devant le juge de paix qui ordonne de les conduire

---

(1) Arch. hist., cart. Corse, ordre du 1er janvier 1793. Lettre d'Arena datée de Nice le 29 décembre 1792. (Pièces et doc., t. I, p. 76.)

(2) La garnison de Corse se composait alors du 42e de ligne (2 bataillons), du 1er bataillon du 26e, du 1er bataillon du 52e et de 4 bataillons de gardes nationaux. (Lettre de Paoli au général d'Anselme. Pièces et doc., t. I, p. 52.)

(3) Arch. hist., cart. Corse, lettre du 15 décembre.

(4) Arch. hist., cart. Corse, lettre du 16 décembre. (Pièces et doc. t. I, p. 69.)

(5) Chaque bataillon de ligne a été taxé à 323 hommes, et chaque bataillon de volontaires à 200. (Arch. hist., lettre de Paoli datée de Corte le 10 décembre. Pièces et doc., t. I, p. 67.)

à la maison d'arrêt, mais pendant que cette décision s'exécute, quelques matelots entourent la patrouille et dégagent
leur camarade. Le malheureux Susini est poussé vers la
citadelle, mutilé à coups de sabre et pendu au mât de
pavillon. Son cadavre, déchiqueté, est jeté à la mer. On
disait publiquement, et ce fut le motif de la dispute, que
ce sous-officier recrutait pour le compte de la Sardaigne.

Ce premier crime accompli, les assassins de Susini se
portent en chantant à la maison d'arrêt et se font livrer
un artisan d'Ajaccio qui avait été mis en prison, la nuit
précédente, comme soupçonné d'avoir blessé mortelle-
ment un grenadier du 42e. Ils le pendent aussi, malgré
ses supplications, et le chanoine Peraldi, procureur-syn-
dic de la commune, qui essaie de s'interposer, est sur le
point de subir un sort pareil, lorsque quelques soldats de
la ligne le dégagent.

Les différents corps civils se réunissent sur-le-champ,
et, de concert avec l'autorité militaire, se mettent en
mesure de parer à de nouveaux désordres. La nuit se passe
cependant à peu près tranquillement, bien que l'effervescence soit très grande, mais le lendemain matin le conflit menace de s'accentuer, et déjà les Corses courent aux
armes, lorsque l'énergique intervention du général Casabianca évite heureusement d'autres malheurs. Les bataillons de volontaires sont envoyés dans les villages voisins et l'escadre de Truguet est consignée à bord. Seulement il devient impossible, à partir de ce moment, de
mêler les Corses et les marins pour les employer à une opération commune (1).

« Maintenant, écrit de Peraldi le 22, la tranquillité règne
dans la ville; mais l'amiral, prévoyant avec sagesse les

---

(1) Arch. hist., cart. Corse, lettres de Peraldi datée d'Ajaccio le
22 décembre, et de Paoli datée de Corte le 1er janvier 1793. (Pièces et
doc., t. I, pp. 75 et 82); Arch. départ., F₁, L₆₁, carton n° 10.

effets redoutables de l'aigreur des esprits lorsqu'elle s'est emparée de deux corps d'armée, a jugé à propos de requérir le général Paoli afin qu'il donne des ordres au 42e régiment de s'embarquer en entier, et de destiner les bataillons volontaires à attaquer vers le nord de la Sardaigne, en s'emparant de l'île de la Madelena pour faire une diversion utile lorsqu'il attaquera Cagliari (1). »

Comme conséquence de cette proposition, émise par Truguet sous l'inspiration de Peraldi, on décide, vers la fin de décembre, que, non seulement le 42e, mais encore 300 hommes prélevés sur chacun des deux autres bataillons des troupes de ligne qui sont en Corse seront embarqués, et, le 8 janvier 1793, le contre-amiral Truguet met à la voile, après avoir inutilement attendu jusqu'à cette date le convoi des volontaires provençaux, qui, par une curieuse coïncidence, appareillait le même jour (2).

---

(1) En exécution de cet ordre, le 42e ne laissa en Corse que 126 hommes, malades ou recrues. (Lettre de Peraldi datée d'Ajaccio le 6 janvier. Pièces et doc., t. I, p. 90.)

(2) Lettre de Luigi Coti datée d'Ajaccio le 9 janvier. (Pièces et doc., t. I, p. 94.)

La frégate *la Perle,* partie de Toulon avec 200 marins destinés à compléter les équipages de Truguet, fut poussée par le vent sur les atterrages de Galeria et s'échoua. Les marins qu'elle portait purent être débarqués, mais n'arrivèrent pas à Ajaccio. (Lettre de Maudet datée de Calvi le 1er janvier 1793. Pièces et doc., t. I, p. 81.)

IV

Préparatifs des Sardes. — Une partie de l'escadre de Latouche-Tréville
arrive dans le golfe de Las Palmas. — Prise de Carloforte. — Arrivée
du contre-amiral Truguet. — Prise de la presqu'île d'Antioche. —
Premier bombardement de Cagliari.

On a mis une telle lenteur pour préparer l'expédition de Sardaigne, que les défenseurs de l'île ont eu
tout le temps de s'organiser. Les forces militaires actives
mises à la disposition du vice-roi Bailo di Balbiano se
composent d'un bataillon du régiment de Piémont (1),
des fusiliers du régiment suisse de Schmid, d'une compagnie d'invalides, d'une compagnie légère préposée à la
garde des forçats, de deux compagnies de dragons commandées par le baron de Saint-Amour, en tout 1.400 hommes
établis à Cagliari, et d'un bataillon du régiment de Courten
partagé entre les villes de Sassari et d'Alghero.

La noblesse de l'île, et surtout son clergé, n'ont pas en-
visagé sans une certaine terreur l'arrivée prochaine des
Français (2). Ils ont cherché à exciter le zèle des paysans, plus disposés à les soutenir que les habitants de
Cagliari, et ils sont parvenus à lever une vingtaine de
bataillons de milices, formés chacun à 500 hommes, et plus
de 2.000 cavaliers qui ont grossi les troupes du baron
de Saint-Amour. Les fortifications existantes ont été réparées; de nouvelles ont été construites, et, pour le service
des batteries, un capitaine en retraite, nommé Azimonti,
a exercé tous les jours un certain nombre de marins et de
jeunes gens que l'on a choisis parmi ceux dont le patriotisme est le plus violent.

---

(1) Moins les deux compagnies de chasseurs qui se trouvaient sur le
continent.

(2) Arch. hist., cart. Corse, lettre de Vincent datée de Toulon le 19
janvier. (Pièces et doc., t. I, p. 115.)

Dispersés par une tempête dans la nuit du 21 au 22 décembre, les vaisseaux de la division Latouche-Tréville, leur mission à Naples remplie, se rallient, au commencement de janvier, dans le golfe de Las Palmas. Le *Scipion*, le *Duguay-Trouin*, le *Léopard*, l'*Orion*, le *Tricolore* et la frégate *l'Hélène* arrivent successivement et se réunissent, le 5, autour de la presqu'île d'Antioche (1).

Le contre-amiral Truguet, en se séparant du capitaine Latouche-Tréville, lui avait enjoint, s'il arrivait avant lui dans la rade de Saint-Pierre, de s'emparer des forces piémontaises qui en défendaient l'approche. En exécution de cet ordre, le commandant Bourdon-Gramont, du *Léopard*, vient jeter l'ancre, le 6, sous les murs de Carloforte et y essuie le lendemain un fort coup de vent qui lui occasionne quelques avaries (2).

Un officier de dragons, le capitaine Camurati, occupait Carloforte avec une centaine d'hommes. Voyant les habitants peu disposés à se défendre et craignant d'être pris, il avait demandé et obtenu d'évacuer l'île de Saint-Pierre et de se retirer à Calasetta, dans la presqu'île d'Antioche. Le consul général de France à Cagliari avait été chassé de cette ville et s'était réfugié dans l'île de Saint-Pierre. Le 8 janvier, ce consul, appelé Guys, prévient Bourdon-Gramont que Carloforte n'a plus de garnison, et le commandant du *Léopard* débarque aussitôt le capitaine Colnet, du 36e, avec 107 hommes, dont 16 canonniers, pour occuper la citadelle qui domine la ville et le fort de San-Vittorio plus au sud (3). Le 10, un arbre de la liberté

---

(1) Arch. hist., cart. Corse, Journal de bord du *Patriote*. (Pièces et doc., t. I, p. 133.)

(2) Arch. hist., cart. Corse, lettre de Bourdon-Gramont datée de la rade de Carloforte le 13 janvier. (Pièces et doc., t. I, p. 97.)

(3) Arch. hist., cart. Corse, lettre du commissaire ordonnateur Bertin datée de l'île de la Liberté (ci-devant Saint-Pierre) le 17 janvier 1793. (Pièces et doc., t. I, p. 111.)

est planté à Carloforte par les marins et les habitants
réunis et salué par deux salves de vingt-trois coups de
canon tirées, l'une par les canons de la citadelle, l'autre
par ceux du *Léopard*.

Pour compléter ce succès, Bourdon-Gramont invite le
capitaine Landais, récemment arrivé avec le *Patriote* et le
Thémistocle, à s'emparer de la presqu'île d'Antioche ;
mais un conseil de guerre de tous les capitaines, assemblé pour discuter cette opération, la repousse à une très
faible majorité (1).

Sur ces entrefaites, le contre-amiral Truguet arrive à
Carloforte.

Le capitaine Camurati, établi autour de San-Antioco,
a avec lui 200 dragons, qui gardent des retranchements
nouvellement construits, et peut être soutenu par 600
cavaliers et 1.200 fantassins postés au pont de Sainte-
Catherine et dans les villages voisins de Porto-Faglia,
Porto-Scuzo et Palmas-Suergiu. Le contre-amiral Truguet
ordonne de l'attaquer, et les deux vaisseaux *le Tricolore*
et *le Scipion*, commandés par les capitaines Brueys et de
Goy, prennent position, l'un à proximité du pont de
Sainte-Catherine pour en maîtriser le passage, l'autre à
l'ouest de la presqu'île d'Antioche, pour faciliter le débarquement des troupes.

Avant d'ouvrir le feu, le lieutenant de vaisseau Rhey-
dellet se rend en parlementaire auprès de Camurati pour
l'inviter à se rendre. Celui-ci demande deux heures pour
réfléchir, en profite pour faire évacuer la majeure partie
de la population et du bétail, et se replie sur le pont de
Sainte-Catherine en emmenant avec lui l'officier français,

---

(1) Arch. hist., cart. Corse, Journal de bord du *Patriote*. (Pièces
et doc., t. I, p. 134). Votèrent pour : les capitaines Brueys, de Goy et
Landais ; contre : Trogoff, Vautier, Haumont et Cazotto.

ainsi qu'un caporal et un tambour-major qui l'accompagnent (1).

Le capitaine Landais, du *Patriote,* fait alors avancer les troupes débarquées, qui pénètrent sans coup férir dans Calasetta et San-Antioco et viennent s'établir aux abords du pont, où elles font trois prisonniers (2).

La rade de Saint-Pierre, l'île du même nom et la presqu'île d'Antioche sont organisées aussitôt pour servir de base d'opération à la flotte. Une batterie de quatre canons, tirés des gaillards de l'*Hélène,* est établie pour battre l'étroite langue de terre qui relie la presqu'île d'Antioche à la côte sarde ; on fait débarquer des canons, des munitions et des vivres, et un hôpital pour 50 malades est préparé à Carloforte. La garnison de l'île de Saint-Pierre est réduite à 60 hommes et 9 canonniers (3).

Le peu de résistance que l'on a rencontré jusque là excite le zèle de Truguet, qui se décide, sur les rapports du consul Guys, à tenter un coup de main sur Cagliari sans attendre l'arrivée du convoi. Le 21 janvier, à 2 heures de l'après-midi, il appareille avec onze vaisseaux, six frégates ou corvettes et trois bombardes, et vient jeter l'ancre, le 23, dans la rade de Cagliari, à une assez grande distance de la ville.

Le lendemain, le commissaire du gouvernement de Peraldi, le capitaine de vaisseau Villeneuve et un nommé Buonarotti, de Florence, s'embarquent dans un canot portant à l'avant le pavillon sarde et à l'arrière le pavillon français et se dirigent vers Cagliari avec un ballot de proclamations dont ils attendent le meilleur effet.

---

(1) Arch. hist., cart. Corse, Journal de bord du *Patriote.* (Pièces et doc., t. I, p, 135.)

(2) Arch. hist., cart. Corse, extrait du Journal de bord du *Patriote.* (Pièces et doc., t. I, p. 133.)

(3) Arch. hist., cart. Corse, lettre du commissaire ordonnateur Bertin, datée du bord du *Tonnant* le 20 janvier. (Pièces et doc., t. I, p. 119.)

A Cagliari, les notables habitants qui ont organisé la défense, et parmi eux le marquis Leonelli, le vicomte de Flumini et l'avocat Pizzolo, ne veulent à aucun prix recevoir les Français. Ils craignent, non sans raison, que leurs discours enflammés ne finissent par triompher du patriotisme des Sardes, et ils font faire plusieurs fois au canot le signal de virer de bord. Celui-ci continuant à s'approcher, un coup de canon est tiré à poudre, et suivi, peu de temps après, par une décharge générale, qui, fort heureusement, reste sans effet, le canot ayant pu se dissimuler rapidement parmi des navires étrangers ancrés dans le port. Villeneuve et ses compagnons reviennent sur leurs pas, mais Truguet a une telle confiance dans la vertu de ses proclamations, qu'il en fait remettre une quantité au consul de Suède, en l'engageant à les faire distribuer, et attend pendant quarante-huit heures le résultat de cette singulière démarche (1).

Le 27, la division d'avant-garde, aux ordres du capitaine Landais, et composée du *Patriote*, du *Centaure*, du *Généreux*, de l'*Orion*, de la frégate *la Junon* et de trois galiotes à bombes, se met en mouvement et commence de trop loin un bombardement inefficace. Le lendemain matin, les trois galiotes se halent sur des ancres de jet posées par la *Vestale*, pendant que le *Patriote*, le *Généreux* et la *Junon* prennent une position plus rapprochée. De 7 heures du matin à 3 heures du soir, le feu continue sans interruption; les galiotes envoient 79 bombes sur la ville, qui riposte par des boulets rouges, et, vers 4 heures, la division française se retire du combat. La *Junon*, qui tient la gauche de la ligne et se trouve plus exposée, a cinq hommes tués ou blessés (2). Le seul dommage causé à Cagliari

---

(1) Le consul de Suède s'était réfugié, avec sa famille, sur un navire suédois qui se trouvait dans la rade.

(2) Arch. hist., cart. Corse, extrait du Journal de bord de la galiote à bombes *la Sensible*.

est l'explosion d'un petit magasin à poudre dans le bastion de la Zecca, près des batteries du port. Du côté des Français, la plupart des mortiers sont mis hors de service, et ne peuvent être réparés, faute d'avoir embarqué un matériel suffisant pour remplacer les crapauds rompus (1).

---

(1) Arch. hist., cart. Corse, lettre du commissaire ordonnateur Bertin, datée du bord du *Tonnant,* en rade de Cagliari, le 4 février. (Pièces et doc., t. I, p. 128.)

V

Nous avons laissé les volontaires provençaux sur le
point de partir à Villefranche. Le 4 janvier, leur embarquement est terminé, et, le 8, le convoi met à la voile
après une tentative infructueuse faite le 6 pour sortir de
la rade (1).

D'abord heureuse, la navigation de ce convoi ne tarde
pas·à être contrariée par le vent. Le 12, à hauteur d'Ajaccio, une violente tempête disperse les navires, dont la
plupart mouillent dans ce port, et le reste, environ
quinze bâtiments dont le *Commerce-de-Bordeaux,* se réfugie
à Villefranche, à Calvi et à Saint-Florent, d'où Barthélemy
Arena écrit au ministre des affaires étrangères pour lui
rendre compte de l'incident (2).

Fatigués par la mer, les volontaires qui sont à Saint-
Florent demandent à être débarqués et à continuer leur
route jusqu'à Ajaccio par la voie de terre. On accède à leur
désir, et comme la ville de Saint-Florent ne possède pas
assez de ressources pour les nourrir et les loger, 1.100
d'entre eux sont conduits, le 14, à Bastia, par le général
Dhiller qui les commande (3).

---

(1) Arch. hist., cart. Corse, lettre de Saint-Julien datée de Villefranche le 5 janvier. (Pièces et doc., t. I, p. 90.) Le convoi se compose de
39 bâtiments de transport et des deux vaisseaux *la Poulette* (capitaine
Farquharson) et *le Commerce-de-Bordeaux* (capitaine Saint-Julien).

(2) Arch. hist., cart. Corse, lettre d'Arena, datée de Saint-Florent le
14 janvier. (Pièces et doc., t. I, p. 103.) Lettre du commissaire Pourcel,
datée de Villefranche le 26 janvier. (Pièces et doc., t. I, p. 122.)

(3) Arch. hist., cart. Corse, lettre de Dhiller datée de Bastia le
15 janvier. (Pièces et doc., t. I, p. 101.)

Le lendemain, vers 10 h. 1/2 du matin, une farandole composée de Marseillais et de grenadiers du 26e pénètre dans la citadelle et cherche à s'introduire dans le donjon, qui sert de magasin pour les approvisionnements de vivres et de munitions. Le lieutenant-colonel Giampietri, qui a la garde de ces approvisionnements avec un détachement de volontaires corses, se présente au guichet pour faire entendre raison aux nouveaux venus et pour les engager à se retirer ; il est saisi au collet et menacé de la lanterne. Un volontaire corse fait feu et blesse un Marseillais, qui disparaît enlevé par ses camarades. L'exaspération est alors portée à son comble, et la bataille est sur le point de devenir générale, lorsque le commandant de la place, Grazio Rossi, et le général Dhiller, accourus sur les lieux, réussissent à faire évacuer la citadelle.

L'effusion du sang est évitée, mais le trouble et l'agitation n'en sont pas moins extrêmes et s'accroissent de l'animosité qui existe, depuis quelque temps déjà, entre les troupes de ligne et les volontaires corses. Un certain nombre de Marseillais pillent les églises sans que le commandant de la place puisse songer à employer contre eux les détachements des 26e et 52e qui sont sous ses ordres, et le général Dhiller — qui émet l'étrange prétention d'assurer l'ordre en n'y employant que ses soldats, cause de tout le mal — demande 6.000 cartouches et l'éloignement de la garnison corse. Heureusement que, dès le 16, les paysans des environs arrivent en foule à Bastia, ce qui décide le général Dhiller à retourner à Saint-Florent (1) et les volontaires à se rembarquer (2).

---

(1) Arch. hist., cart. Corse, lettre de Paoli, datée de Corte les 16, 17 et 25 janvier. (Pièces et doc., t. I, p. 105, 110 et 121.) Lettre du commissaire ordonnateur Jadart, datée de Bastia le 16 janvier. (Pièces et doc., t. I, p. 109.)

(2) A Ajaccio, quelques compagnies de la phalange marseillaise voulurent forcer le général Casabianca à leur accorder la paye franche, et

Arena, son convoi à moitié rallié, quitte Ajaccio le
25 janvier sous l'escorte de la *Poulette* et emmène avec lui

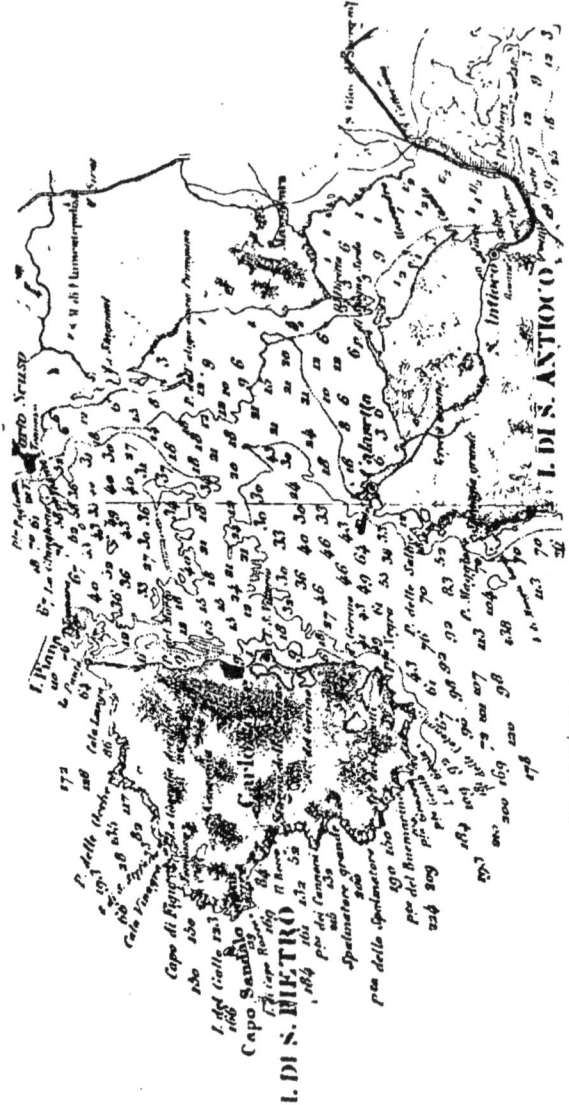

se présentèrent en armes à la citadelle, où elles tuèrent une sentinelle
on eut beaucoup de peine à les calmer. (Arch. hist., cart. Corse, rapport d'Arena daté de Nice le 10 mars.)

le général Casabianca, qui a reçu le commandement de l'armée de terre (1). Le capitaine Saint-Julien, de son côté,

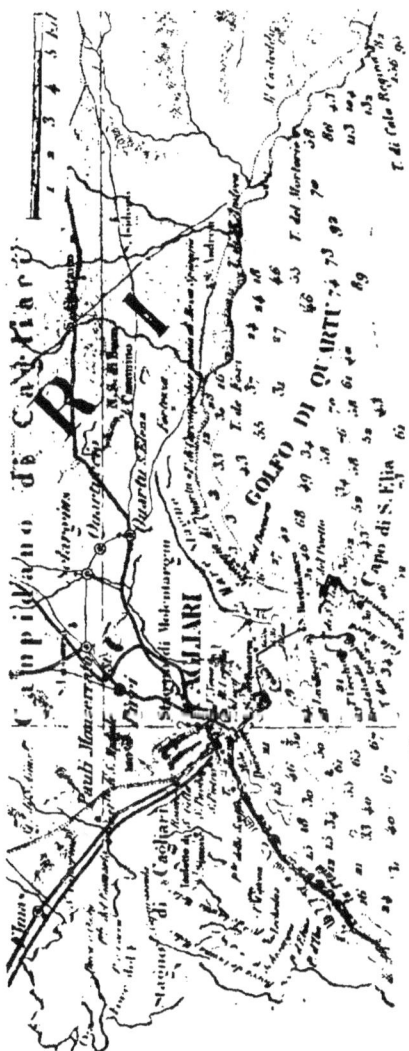

---

(1) Arch. hist., cart. Corse, lettre d'Arena, datée d'Ajaccio le 24 janvier. Arena fut accusé par Paoli d'avoir provoqué l'échauffourée de Bastia. (Lettres de Paoli, datées de Corte les 25 janvier et 11 mars (Pièces et doc., t. I, p. 121 et 255.)

Le général Brunet avait été désigné pour commander l'armée de

part de Saint-Florent le 22, avec une douzaine de navires, et fait voile vers Ajaccio. Dispersés pour la seconde fois, dix navires, dont le *Commerce-de-Bordeaux,* passent devant Villefranche et mouillent au golfe Jouan pour y attendre deux bâtiments qui sont arrivés à Villefranche, le 17, avec des volontaires que l'on a dû débarquer. Le commissaire de la marine Pourcel s'emploie immédiatement pour accélérer le départ de cette partie du convoi et paraît devoir y réussir, lorsque, le 26, deux autres bâtiments arrivent encore à Villefranche (1). Comme leurs camarades l'ont déjà fait, les volontaires qui sont à bord demandent à être débarqués et se refusent à repartir, ce qui s'explique aussi bien par leur indiscipline que par les souffrances de la mer qu'ils ont endurées depuis vingt jours. On parlemente, on perd du temps, le *Commerce-de-Bordeaux,* dont le mouillage est peu sûr, se rend à Hyères, et finalement, vers le commencement de février, grâce aux ordres vigoureux du général Brunet (2), la flottille est en état de reprendre le large. Un nouveau coup de vent la disperse encore au bout de quelques heures, et l'un des navires, celui précisément qui porte les munitions, est poussé sur les côtes d'Italie et contraint, par son équipage, de relâcher à Baia, près de Naples. Toute sa cargaison se trouve perdue, et le corps expéditionnaire se trouve privé, par ce fait, de la majeure partie de sa provision de cartouches.

---

terre, mais le départ du général d'Anselme ne lui permit pas de s'acquitter de cette mission, et ce fut Casabianca, alors employé en Corse, qui le remplaça. (Lettre de Brunet, datée de Nice le 31 décembre.) (Pièces et doc., t. I, p. 78.)

(1) Arch. hist., cart. Corse, lettre de Pourcel, datée de Villefranche le 26 janvier. (Pièces et doc., t. I, p. 122.)

(2) Arch. hist., cart. Corse, lettre de Pourcel, datée de Villefranche le 18 février. (Pièces et doc., t. I. p. 139.)

VI

Arrivée devant Cagliari des volontaires provençaux conduits par
Arena. — Positions occupées par les Sardes. — Projet d'attaque du
contre-amiral Truguet. — Débarquement des volontaires. — Marche
sur Cagliari. — Panique. — Insubordination des volontaires. — Second
bombardement de Cagliari. — Le corps expéditionnaire est rapatrié.

Le convoi, conduit par Arena, arrive devant Cagliari le
3 février (1). Le 5, le contre-amiral Truguet, le capitaine
Landais, le major de la flotte et le commissaire de Peraldi
passent à bord de la *Junon* pour aller faire une reconnaissance de la côte sarde.

Un vieux Napolitain ayant fait connaître l'endroit du
débarquement des Espagnols en 1717, le contre-amiral, le
major de la flotte et le commandant de la *Junon* descendent, le 7, dans un canot, et font exécuter des sondages,
malgré une mer démontée qui contrarie leur retour. Le
même jour, le capitaine Latouche-Tréville, récemment
nommé contre-amiral, arrive de Naples avec le restant de
sa division.

Le golfe de Cagliari est partagé en deux parties par une
presqu'île dont la pointe est défendue par une tour dite
des Signaux. La ville elle-même, peuplée de 35 à 40.000
habitants, s'élève en amphithéâtre sur des pentes dont le
sommet est couronné par le château de Saint-Michel armé
de six pièces. Elle a une enceinte, assez médiocre, qui
vient aboutir à une petite citadelle.

Depuis le 28 janvier, les Sardes se sont occupés à perfectionner leurs moyens de défense. Une quarantaine de
pièces de 18 et deux couleuvrines de 32 garnissent les
remparts de la basse ville et arment une batterie dont la

---

(1) Arch. hist., cart. Corse : Rapport d'Arena, daté de Nice le 10 mars.
(Pièces et doc., t. I, p. 246.)

gorge a été fermée par une palissade. Un certain nombre de pièces de 12 gardent les abords de la ville, vers l'est, pendant que 120 cavaliers, appuyés à une redoute et à un retranchement, interceptent toutes les communications du côté de l'ouest, par la plage della Scaffa. Le lazaret, établi au pied du mont Murtal, est défendu par seize canons de campagne et six pièces de gros calibre ; la tour voisine de Saint-Elie a deux bouches à feu, dont une sous casemate.

L'infanterie est postée pour s'opposer à un débarquement. Trois bataillons de miliciens, commandés par le vicomte de Flumini, Montaleone et le marquis Leonelli, occupent l'anse de Cala-Mosca et le lazaret ; 600 miliciens aux ordres de l'avocat Pizzolo, et 300 cavaliers placés sous Cerruti, garnissent un retranchement près de la tour del Poetto ; 800 cavaliers et 550 fantassins avec le baron de Saint-Amour sont au village de Quartu, où a été construite une redoute armée de quatre pièces. De nombreux postes sont échelonnés le long du rivage, depuis le cap Carbonara, à l'est, jusqu'à la pointe de Pula, à l'ouest ; un bataillon est placé en deuxième ligne à Pirri ; enfin cinq ou six bataillons gardent la ville et constituent une défense mobile qui est toujours prête à se porter sur les points menacés.

Le contre-amiral Truguet, mis au courant des dispositions prises par les Sardes, ne tarde pas à se pénétrer des difficultés qui l'attendent. Dans un conseil de guerre, tenu le 10 février à bord du vaisseau amiral, un plan de campagne est arrêté qui lie l'action de l'escadre avec celle des troupes de terre commandées par Casabianca (1).

---

(1) Le composition de ces troupes était celle que voici :

Troupes de ligne.

26e de ligne,	305 hommes,	commandés par le	capitaine	Descrochets.
52e —	305	—	—	lieut.-col. Sailly.
42e —	790	—	—	colonel Laissac.

Tandis que Casabianca, débarqué dans la baie de Quartu, doit se rapprocher de la ville en suivant le bord de la mer, et que 700 hommes de la garnison des vaisseaux, commandés par le capitaine Forget, du 39e, doivent attaquer par l'anse de Cala-Mosca, l'escadre a pour mission de bombarder la ville haute et le lazaret et de s'opposer à l'approche de tout secours.

Le contre-amiral Latouche-Tréville a la direction des opérations du côté de Cala-Mosca : « Le soir même de l'attaque des vaisseaux sur la ville, est-il dit dans l'ordre de Truguet, attaque qui aura lieu en même temps que le débarquement de l'armée, le contre-amiral Latouche fera embarquer dans ses canots les détachements du *Languedoc*, de l'*Entreprenant*, du *Scipion*, du *Généreux*, du *Patriote* et de l'*Orion* et, après que le *Patriote* et le *Scipion* auront tiré quelques coups de canon sur le lazaret et sur la tour, il menacera d'un débarquement dans l'anse qui est sous la tour. Mais les détachements reviendront à bord la nuit, et il les fera disposer à une attaque vraie, le lendemain au point du jour, au même moment où la colonne de l'armée viendra donner l'assaut au morne de la batterie haute. Le rendez-vous sera sur le haut du morne, où se trouve la batterie, et, auparavant, le *Patriote* et le *Scipion*

Volontaires nationaux.

1er bataillon de Marseille, commandé par le citoyen				Calvin.
2e —	—	—	—	Giraud.
Portion du bataillon des Martigues, commandé par le citoyen				Moisson.
—	de Tarascon	—	—	Peyron.
—	de l'Union	—	—	Bousquet.
—	du Luberon	—	—	Vallon.
—	d'Aix	—	—	Felix.
—	de Vaucluse	—	—	Loriot.

En tout 2.600 volontaires.

Il en était parti 4.000, le 8 janvier, mais nous avons vu qu'un assez grand nombre n'avaient pas voulu se rembarquer lorsqu'une partie du convoi était revenue plus tard à Villefranche. (Arch. hist., cart. Corse : Note de Casabianca, datée de Nice le 26 pluviôse an III). (Pièces et doc., t. 1, p. 187.)

balayeront tout ce qui pourrait s'y trouver de rassemblements vers ces lieux (1). »

Le 11, le contre-amiral Truguet entre dans le golfe de Quartu avec le *Tonnant*, l'*Apollon* et le *Centaure*, les frégates l'*Aréthuse*, la *Junon* et la *Vestale*, la corvette la *Brune*, la bombarde la *Lutine* et les bâtiments de transport arrivés le 3 avec Arena. Le 13, vers minuit, l'*Apollon* casse son câble et est poussé au large avec deux transports, ce qui oblige le contre-amiral Truguet à différer son attaque. Enfin, le 14, la tempête ayant cessé, mais l'*Apollon* n'ayant pas encore rejoint, Truguet fait les signaux convenus, et les deux frégates la *Junon* et l'*Aréthuse* se rapprochent de la côte et tirent à mitraille sur les postes du baron de Saint-Amour, qui se dispersent rapidement. Le contre-amiral Truguet met à terre une partie de son infanterie, avec seize canons de 4 et trois jours de vivres, et descend lui-même avec le général Casabianca et le député Arena.

La tour Mortorio, située sur la droite, dans le voisinage, est occupée sans coup férir, ainsi qu'une briqueterie, placée à gauche, et que les volontaires incendient. Quelques hommes poussent même jusqu'à la chapelle de San-Andrea qui est pillée après la mise en déroute d'une patrouille de dragons sardes dont le chef, le capitaine de Serramassa, est blessé, fait prisonnier et massacré (2).

Pendant ce temps, tous les navires de l'escadre qui peuvent lutter contre le vent dirigent leurs feux sur les défenses de Cagliari et cherchent à faciliter le débarquement du restant du corps expéditionnaire auquel se sont joints l'*Apollon*, arrivé dans l'après midi, et les deux

---

(1) Arch. hist., cart. Corse : Corresp. de Truguet, instruction datée du 10 février. (Pièces et doc., t. I, p. 140.)

(2) Arch. hist., cart. Corse : Corresp. de Truguet, lettre du 14 février, 5 heures du soir. (Papiers et doc., t. I, p. 144.) Rapport de Casabianca daté du *Commerce-de-Bordeaux*, rade de Cagliari, le 22 février. (Pièces et doc., t. I, p. 157.)

transports qui ont été poussés avec lui vers la haute mer.
Le *Patriote* mouillé le 11 devant la tour de Saint-Elie,
et l'*Orion*, qui ont eu leurs ancres cassées dans la nuit du
12, se rapprochent de la côte et ripostent vigoureusement
aux canons de la tour; l'*Entreprenant*, le *Scipion* et la galiote l'*Iphigénie* réduisent au silence les défenseurs du
lazaret, qui se retirent, au bout de peu de temps, sur le
sommet du mont Murtal, et le *Languedoc* canonne la tour
des Signaux. Mais la plupart des galiotes et les vaisseaux
le *Tricolore*, le *Léopard*, le *Duguay-Trouin*, le *Généreux* et le
Thémistocle manquent le vent et jettent l'ancre trop loin
pour participer à l'action.

La nuit du 14 au 15 se passe sans incident. Les volontaires débarqués campent sur la plage, entre la tour de
San-Andrea et la tour Mortorio, dans un camp tracé par
le capitaine du génie Ravier et fortifié sommairement par
les soldats du 42e.

Le 15, à 6 h.1/2 du matin, l'escadre recommence son feu ;
à l'ouest, le *Duguay-Trouin* et le *Tricolore* se halent pour se
rapprocher de Cagliari et tirent dès qu'ils se croient à
portée ; leurs boulets tombent dans la mer. Le *Thémistocle*
rase la côte de si près, que sa position est des plus critiques.
L'*Orion* et l'*Entreprenant* le secourent, mais il est obligé
de se replier vers 5 heures du soir, après avoir perdu son
capitaine et éteint deux incendies allumés à son bord par
les boulets rouges des Sardes. Le *Léopard* s'échoue et
souffre considérablement du tir des couleuvrines. Quant
aux galiotes, elles tirent chacune, sur la ville haute, une
vingtaine de bombes qui ne produisent que peu d'effet.

A l'est, la tour Saint-Elie est en partie détruite et son
canon casematé résiste seul aux efforts réunis du *Patriote*,
du *Languedoc* et du *Commerce-de-Bordeaux*, arrivé à midi
avec quelques uns des transports partis des îles d'Hyères ;
mais les 700 hommes de débarquement que l'on a réunis
sur le *Patriote* ne peuvent passer dans les canots en raison

du mauvais état de la mer, et, vers 6 heures du soir, la division du contre-amiral Latouche-Tréville cesse complètement le feu sans avoir obtenu un résultat appréciable (1).

Le général Casabianca, à la tête de l'armée de terre, forte de 4.000 hommes dont 1.400 seulement de troupes de ligne, se met en mouvement vers 9 heures du matin, après avoir perdu du temps pour répartir sa troupe en trois brigades précédées chacune par leurs grenadiers. 800 hommes, conduits par le lieutenant-colonel Sailly, du 52ᵉ, longent la côte et forment l'avant-garde d'une première brigade qui a pour mission d'arriver à Saint-Elie pour, de là, s'emparer de la hauteur de Bonaria, qui domine Cagliari. Cinq chaloupes, chargées de canons de 8, et d'autres chaloupes avec 80 quintaux de biscuit, du lard en quantité et du vin, marchent à leur hauteur sous la protection de la *Junon*.

En arrivant sur le plateau où est bâtie la tour de Carcangiolas, deux chemins s'offrent à Casabianca : le premier, à gauche, est garanti d'un côté par la mer et de l'autre par l'étang, mais il est tracé sur la plage et par cela même fort sablonneux ; le second, à droite, par le village de Quartu, est de beaucoup meilleur, malheureusement il passe sous le canon de la place et ne peut être suivi sans danger. Le général Casabianca se décide pour le premier ; seulement, comme ses troupes fatiguées ont besoin de quelque repos, un arrêt de deux heures est ordonné près de la tour.

Les chaloupes qui suivent le littoral ont eu la malencontreuse idée de débarquer une partie de leurs approvisionnements et plus particulièrement des tonneaux de vin. Les volontaires provençaux, qui ont vu fuir devant eux quelques dragons sardes, font de copieuses libations pour fêter

---

(1) Arch. hist., cart. Corse : Journal du bord de la *Sensible*. (Pièces et doc., t. I, p. 153.) Journal de bord du *Languedoc*. (Pièces et doc., t. I, p. 175.)

leur triomphe facile et s'excitent au chant du *Ça ira*. Vers
3 heures, la marche reprend molle et traînante. A la tom-
bée de la nuit, l'avant-garde essaie de franchir les marais
salants ; elle est arrêtée par un fossé trop large pour permettre le passage des canons, et le général Casabianca,
qui a devant lui les miliciens de l'avocat Pizzolo et, sur
sa droite, deux ou trois cents dragons commandés par
Cerruti, prend le parti de s'arrêter pour bivouaquer plus
en arrière, près de la tour del Bocario.

« Le gros de mon armée, dit Casabianca, était composé
de volontaires nationaux qui n'avaient jamais fait la guerre
et dont une grande partie de l'âge de 15 à 16 ans. La nuit
approchant, je n'ai pas jugé à propos de commencer l'attaque et j'ai cru devoir différer au lendemain. J'ai fait retirer
l'armée dans un excellent emplacement entre la mer et
l'étang, qui, se trouvant fortifié par des dunes de sable,
formait un retranchement naturel, et l'artillerie était dis-
posée de manière à le rendre impénétrable aux ennemis.

» Pendant que l'avant-garde et la 1re brigade étaient en
avant, j'avais laissé la 3e au seul point de communication
qui existait entre l'armée et les dragons ennemis. A nuit
close, j'ai ordonné à cette brigade de laisser, dans cet endroit, un poste avancé et de rentrer dans le camp. »

Mais lorsque la 3e brigade est avisée de se replier, son
installation pour la nuit est déjà faite ; le chef qui la commande ne croit pas utile d'y rien changer, et une compagnie de grenadiers du 52e est envoyée auprès d'elle.

Vers le milieu de la nuit, cette brigade, que la peur
d'être surprise a tenue en éveil, juge à propos de rentrer
au camp, sans plus de façons. Elle tombe sur une compagnie de grand'garde qui, n'étant pas prévenue, croit avoir
affaire à des ennemis et tire un coup de canon pour donner
l'alarme. Alors a lieu une panique épouvantable. Les
soldats, réveillés en sursaut, se jettent sur leurs armes et
font feu ; la 3e brigade riposte ; 3 officiers du 42e et plusieurs

soldats sont tués ; tout le monde est affolé, et des lâches, comme il s'en trouve toujours en pareil cas, crient à la trahison et se sauvent à toutes jambes vers la mer, où quelques-uns d'entre eux se précipitent.

« C'est en vain, dit Casabianca, que moi et les adjoints aux adjudants généraux Giovanni et La Converserie, ainsi que plusieurs autres militaires, nous nous portons dans les lignes pour contenir ce mouvement désordonné et pour rallier les troupes. Tous nos efforts sont inutiles. La terreur panique avait frappé les esprits de ces volontaires, et tous demandaient à se retirer.

» J'ai résisté à leur demande jusqu'au moment où le citoyen Luce (1), capitaine des grenadiers du 42e régiment, vint me dire que les troupes de ligne, indignées de la conduite des volontaires inexperts, demandaient aussi la retraite pour ne pas se trouver une seconde fois exposées au même malheur.

» N'ayant pas d'autre parti à prendre pour sauver cette armée, j'ai donné les ordres pour faire la retraite sur le camp que nous avions quitté le matin. Nous l'avons effectuée sans éprouver aucun obstacle de la part de l'ennemi, et nous avons ramassé, pendant la nuit, les fuyards qui avaient jeté leurs fusils pour être moins gênés dans leur fuite. Le rivage était couvert de leurs habillements, ce qui nous a fait présumer que plusieurs s'étaient noyés.

» Arrivés au camp, les volontaires m'entourent et me demandent à s'embarquer, me menaçant de la lanterne si je n'adhère pas à leur demande. En vain, je m'efforce de leur démontrer que nous n'avons pas vu la face de l'ennemi, que le désordre de la nuit avait été occasionné par une fausse alerte et par leur propre faute, qu'ils vont se couvrir de honte et faire manquer une expédition à laquelle la République attachait tant d'importance.

(1) Luce de Casabianca.

» La majorité des volontaires, sourds à la voix de l'honneur et insensibles aux intérêts de la patrie, s'obstinent à exiger les embarcations en criant à la trahison.

» Si les troupes de ligne eussent été plus nombreuses, j'aurais pris le parti de contenir par la force ces séditieux, lâches devant l'ennemi, insubordonnés envers leurs chefs, et j'aurais ainsi repoussé la corde qu'ils me montraient.

» Dans cette circonstance difficile, j'ai rassemblé tous les chefs, et tous ont convenu qu'avec de tels hommes nous aurions exposé les armes de la République à une défaite certaine, et que le seul parti était de les faire embarquer sans délai (1). »

Le contre-amiral Truguet, avisé du fâcheux événement qui vient de se produire, ne peut croire tout d'abord à tant de lâcheté.

« A trois heures du matin, dit-il, j'apprends par un officier d'une de nos frégates que notre armée est en déroute, qu'elle est revenue au même rivage et qu'elle demande à grands cris à se rembarquer.

» Quel coup de foudre!... Ignorant les vrais détails et croyant à l'exagération de ce rapport inconcevable, j'envoyai à l'instant dire au général, par ce même officier, qu'il me paraissait prudent de se retrancher pour attendre les traîneurs ainsi que les blessés, et que j'allais, au point du jour, faire toutes les dispositions nécessaires pour le secourir.

» Le vent augmentait ainsi que la mer; notre mouillage était mauvais par le vent qui soufflait, mais il fallait se sacrifier pour cette armée coupable et malheureuse. Je donnai sur-le-champ l'ordre à toutes les chaloupes, à toutes les frégates, à tous les vaisseaux, d'envoyer au point du

---

(1) Arch. hist., cart. Corse : Rapport de Casabianca, daté du *Commerce-de-Bordeaux*, dans la rade de Cagliari, le 22 février. (Pièces et doc., t. I, p. 157.) Le rapport d'Arena, daté de Nice le 10 mars, confirme tous les faits que cite Casabianca.

jour des vivres et de la boisson au rivage où était l'armée, en attendant que le temps nous permît de l'embarquer, si telle était son inébranlable résolution ainsi que celle de son général (1).

» Voici un effet de la terreur qu'on ne saurait concevoir : on repousse de terre les vivres que j'envoie et l'on répond avec les cris les plus lamentables : « Nous ne vou- » lons pas des vivres, nous voulons nous rembarquer ! » En vain, les officiers commandant les chaloupes représentent à ces opposants insensés que, dans le moment, la mer qui brise sur la plage ne permet pas leur rembarquement, que bientôt le temps peut changer, mais qu'en attendant ils doivent recevoir les vivres qu'on leur envoie ; même réponse : « Nous ne voulons pas des vivres, nous » voulons nous rembarquer ! » Ces officiers reviennent à mon bord, je les renvoie encore à terre ; j'écris au général, j'écris aux troupes, je les conjure de ne pas perdre courage, que bientôt le temps changera, et qu'ils doivent recevoir des vivres ; que, s'ils les refusent encore, je ne serai plus à temps dans quelques heures de leur en envoyer. Même refus, même réponse. On couchait en joue nos chaloupes, on cherchait à se précipiter sur elles, au risque de faire périr soldats et marins. Et telle était la crainte dont ils étaient frappés qu'ils refusaient des vivres pour ôter à leur chef tout motif d'un nouvel ordre d'aller sur l'ennemi.

» Le vent souffle, la mer augmente, ainsi que je l'avais prévu, et l'escadre et tout le convoi se trouvent en perdition. Je n'avais osé appareiller pour ne pas livrer au désespoir cette armée faible, je n'avais même osé éloigner les frégates qui tiraient continuellement contre tous les rassemblements de cavalerie ; enfin je n'avais osé faire un seul mouvement que dictait la prudence pour ne pas précipiter

_____

(1) Les provisions envoyées par Truguet consistaient surtout en 50 quintaux de biscuit et plusieurs tonneaux de lard.

cette armée à une démarche plus honteuse encore : celle de capituler.

» Mon dévouement pour sauver l'honneur de cette armée m'exposa pendant deux jours à naufrager, ainsi que tous les navires du convoi. J'avais donné l'ordre aux frégates, sur lesquelles j'avais mis en dépôt tous les vivres qu'on avait refusés, qui étaient fort près de l'armée, de profiter de tous les instants où le vent calmerait pour faire passer des vivres. Elles purent faire passer de temps à autre du biscuit, mais avec beaucoup de peine, et les troupes, voyant alors leur position, acceptèrent, mais trop tard, ces secours (1). »

Le 17, en effet, les communications avec l'escadre sont devenues plus difficiles, et les émeutiers qui, la veille, ont refusé et jeté à l'eau les approvisionnements qu'on leur a envoyés, viennent au nombre de 5 ou 600, sous la conduite d'un certain lieutenant-colonel Jourdan, du bataillon de Tarascon, demander à Casabianca, sous peine de mort, des embarcations et des vivres.

Les troupes de ligne, indignées, se groupent autour de Casabianca et d'Arena dont la vie, à partir de ce moment, ne court plus aucun danger. Mais les volontaires qui, par leur faute, sont réduits à un quart de biscuit, parlent de se rendre, ce qui ajoute encore à leur infamie (2).

Pendant que l'armée de terre attend d'être rembarquée, les navires qui sont dans la rade de Cagliari font tous leurs efforts pour résister à la tempête et occuper leurs

---

(1) Arch. hist., carton Corse : Rapport de Truguet daté du bord du *Tonnant*, le 4 mars. (Pièces et doc., t. 1, p. 225.) Corresp. de Truguet, lettre datée du 18 février, 3 heures du soir. (Pièces et doc., t. 1, p. 148.)

(2) Arch. hist., carton Corse : Rapport d'Arena daté de Nice, le 10 mars. (Pièces et doc., t. 1, p. 249.) La phalange marseillaise se distingua entre toutes les troupes par sa lâcheté. Il est vrai de dire que cette phalange n'avait de marseillaise que le nom ; elle avait été formée de gens sans aveu, recrutés un peu de tous les côtés. Les soldats des 26e, 42e et 52e, méritèrent les éloges de leurs chefs. (Rapport d'Aréna.)

ennemis. Le 16, le *Léopard*, secouru par le *Commerce-de-Bordeaux*, le *Duguay-Trouin* et la gabare la *Sincère*, est sur le point d'être renfloué, lorsque le vent du sud-est, qui fraîchit vers 10 heures, oblige les vaisseaux à s'éloigner en emmenant avec eux l'*Orion*, qui a mis à la voile pour les aider. Poussé alors par les lames, le *Léopard*, abandonné, franchit un banc de sable et vient s'échouer, définitivement cette fois, près de la plage de la Scaffa. Il continue cependant à tirer, grâce à sa position de travers aux batteries, et il riposte sans désemparer au feu des coulevrines qui ne cesse que le 18.

. Le *Patriote* envoie des boulets, pendant toute la journée du 16, sur la gorge de l'ouvrage vis-à-vis duquel il est posté et sur la tour Saint-Elie, dont le canon de la batterie casematée répond par quelques projectiles. Le 17, le mauvais temps est tel que la manœuvre des canons est impossible ; le *Patriote*, placé trop près de la côte pour pouvoir mettre à la voile, éteint ses feux et reste ainsi, jusqu'au 18 au soir, à la merci d'une seule ancre. Le *Duguay-Trouin*, qui a perdu la barre de son gouvernail, s'échoue ; de nombreux canots sont brisés.

Le 18, vers 9 heures du matin, le vent, ayant passé au nord et forçant vers l'ouest, le *Languedoc* appareille dans ses focs et ses voiles d'étai pour s'éloigner de la côte. L'*Entreprenant*, le *Commerce-de-Bordeaux*, le *Tricolore*, le *Scipion*, le *Thémistocle*, la frégate la *Brune* et deux galiotes suivent le mouvement et vont mouiller par douze brasses de fond. Le *Tonnant* fait le signal au *Patriote* de verser à bord des différents vaisseaux leurs détachements de garnison, mais, en raison de l'état de la mer, cet ordre ne peut être exécuté que dans la matinée du 19. Dans le golfe de Quartu, le gouvernail de la *Vestale* est démonté, le *Centaure* et l'*Apollon* ont plusieurs câbles brisés, et le vaisseau amiral perd la barre de son gouvernail et s'échoue. La *Junon* et l'*Aréthuse*, qui sont mouillées près de terre pour protéger l'armée, sont obligées de couper leurs mâts pour éviter de faire côte. Deux bâtiments de transport, poussés vers la tour de Foxi, sont incendiés par les Sardes et leurs équipages massacrés (1).

Sur l'ordre du contre-amiral Truguet, les divisions de Latouche-Tréville et de Trogoff passent, dans la nuit du 19 au 20 et la journée du 20, dans le golfe de Quartu (2). L'*Iris* et la *Sensible* envoient seules leurs chaloupes à bord du *Léopard* pour en retirer du matériel, qui est ensuite chargé sur la gabare le *Mulet* et un bâtiment de convoi. Le *Duguay-Trouin* et le *Tonnant* sont renfloués sans trop de difficultés.

L'embarquement des volontaires, commencé le 19 dans la soirée, se continue pendant toute la journée du 20, et, à 8 heures du soir, tout le corps expéditionnaire est rentré à bord sans avoir rencontré aucune opposition de la part des Sardes.

Le 22, sur l'ordre de Truguet, le contre-amiral Latouche-Tréville met à la voile avec un millier d'hommes du 42e de ligne (3) et des bataillons de l'Union de Vaucluse et du Luberon, répartis sur les vaisseaux l'*Entreprenant*, le *Thémistocle*, le *Languedoc* et l'*Orion*. Il double le cap Serpentaire en chassant devant lui quelques bâtiments ennemis, et arrive le 1er mars au golfe Jouan, où les volontaires sont débarqués (4).

---

(1) Arch. hist., cart. Corse : journal de bord du *Languedoc*. (Pièces et doc., t. I, p. 178.) Correspond. de Truguet, lettre datée du 18 février, 3 heures du soir. (Pièces et doc., t. I, p. 148.)

(2) Arch. hist., cart. Corse : Corresp. de Truguet, lettre du 19 février. (Pièces et doc., t. I, p. 150.) Le *Scipion*, qui avait à bord plus de 100 malades, fut désigné pour appareiller le premier.

(3) Le 42e (ancien régiment de Limousin) était en Corse depuis neuf ans et demandait à rentrer en France. Il était d'ailleurs mal vu par les habitants, et plus particulièrement par les gardes nationales de l'île.

(4) Arch. hist., cart. Corse : journal de bord du *Languedoc*. (Pièces et doc., t. I, p. 182.) Lettre de Chaillan, datée de Nice le 2 mars. (Pièces et doc., t. I, p. 220.)

L'*Apollon*, le *Généreux* et la *Vestale* partent le même jour
et transportent à l'île de Saint-Pierre 700 hommes des 26ᵉ
et 52ᵉ de ligne qui sont destinés à y tenir garnison avec
le lieutenant-colonel Sailly. Les autres bâtiments du convoi,
sous la conduite du capitaine Trogoff, mettent à la voile
le 24 février et arrivent à Antibes le 4 mars. Le *Patriote*
et le *Duguay-Trouin*, qui ont subi des avaries, ne quittent
la rade de Cagliari que le 25 au soir, après que la coque du
Léopard a été incendiée.

Truguet, qui est resté le dernier dans le golfe de Quartu,
se rend à Carloforte pour y procéder à l'organisation du
commandement de l'île. Les frégates l'*Hélène* et le *Richemont* (cette dernière arrivée le 25 janvier devant Cagliari),
ont la garde des mouillages de Las Palmas et de la rade de
Saint-Pierre.

Enfin, la *Poulette* a pour mission de croiser, pendant
quelque temps, entre le cap Corse et l'Italie, pour convoyer
les bâtiments de commerce français qui peuvent encore
ignorer que l'Angleterre nous a déclaré la guerre.

VII

Diversion dans le nord de la Sardaigne. — Réunion d'un petit corps
expéditionnaire à Bonifacio. — Arrivée dans les eaux de la Maddalena.
— Prise de l'îlot de Santo-Stefano. — Mutinerie de l'équipage de *la
Fauvette*. — Embarquement précipité du corps expéditionnaire. —
Retour à Bonifacio.

Nous avons vu que le contre-amiral Truguet a décidé,
le 28 décembre, de faire opérer une diversion, dans le
nord de la Sardaigne, par les bataillons de gardes nationaux qui sont restés en Corse après le départ des troupes
de ligne.

Le lieutenant-général Paoli écrit de Corte, le 2 janvier,
au ministre de la guerre, pour lui représenter toutes les
difficultés de cette diversion :

« Un rassemblement général de tous les bataillons à
Bonifacio, lui dit-il, est sujet à des difficultés presque
insurmontables; les soldats des bataillons ne sont pas
équipés, tout mouvement leur devient extrêmement difficile, et celui qu'on propose est le plus long qu'on puisse
faire en Corse; il n'y a ici aucune provision de vivres
pour les transférer où le besoin l'exige, et Bonifacio étant
un endroit pauvre, surtout depuis l'interruption de son
trafic en Sardaigne, ne peut pas en offrir pour la subsistance de ces bataillons. »

Il ajoute, cependant, qu'il a pris toutes ses dispositions
pour se conformer aux instructions du contre-amiral :

« J'ai donné, dit-il, une commission au colonel Cesari-
Colonna, en tant que mon autorité pouvait s'étendre pour
le commander (1). C'est le contre-amiral qui me l'a proposé
et m'en a requis; il est malheureux que ce citoyen n'ait

---

(1) V. Pièces et doc., t. I, p. 95.

pas été nommé officier général. Je connaissais son mérite et sa réputation lorsque j'ai eu l'honneur de vous le proposer. Je vous prie donc de m'envoyer sa commission, afin que son caractère puisse lui donner plus d'empire sur les troupes qu'il doit commander.

» Deux bataillons de gardes nationaux vont recevoir des ordres de marcher vers Bonifacio; ils demeureront à Sartène, qui n'en est qu'à une journée, jusqu'à ce que le citoyen Cesari-Colonna les ait inspectés...

» J'ai donné les ordres pour faire transférer à Bonifacio tout ce qui sera possible de vivres et de munitions, et les bataillons ne s'y rendront que lorsque ces vivres y seront arrivés (1) ».

Mais les bataillons de gardes nationaux ne sont guère mieux disciplinés que les volontaires continentaux. Le 7 janvier, le lieutenant-général Paoli se plaint des nombreux cas de désertion qui se sont produits :

« Le lieutenant-colonel Casalta, chef du détachement du 4º bataillon des gardes nationaux destiné à servir dans l'expédition de Sardaigne, vient, dit-il, de me faire passer un état nominatif des déserteurs qui se sont évadés des compagnies Ruffini, Sébastiani et Valentini, avec l'habillement et l'armement complets. Le nombre monte à cent deux hommes; je prends les mesures pour les faire persécuter (2). »

Et le 9, en rendant compte d'une nouvelle échauffourée qui s'est produite à Ajaccio, après le départ de l'escadre, le général Casabianca écrit à Paoli :

« Les deux compagnies de Sartène sont entrées ici; elles

---

(1) Arch. hist., cart. Corse, lettre de Paoli datée de Corte le 2 janvier 1793. (Pièces et doc., t. I, p. 84.)

(2) Arch. hist., cart. Corse, lettre de Paoli datée du 7 janvier. (Pièces et doc., t. I, p. 92.)

sont au nombre de trente hommes les deux, et dix qui sont restés en arrière pour les équipages (1). »

Pour faire passer en Sardaigne les gardes nationaux de Colonna-Cesari, le contre-amiral Truguet a envoyé à Bonifacio la corvette la *Fauvette,* les trois felouques la *Vigilante,* la *Fidèle* et la *Liberté,* et seize petits bâtiments de transport (2) ; Colonna-Cesari se rend dans cette ville, où « l'entrepreneur des vivres et tout ce qui est dans la place vont grand train, quoique sans avoir reçu d'ordres supérieurs (3)». L'armement de la corvette est augmenté de quatre pièces de canon tirées de la citadelle et se trouve ainsi en état de résister aux demi-galères sardes qui se présentent, presque chaque jour, à l'entrée du port.

Dans les premiers jours de février, Colonna-Cesari forme un corps de débarquement de 600 combattants, aux ordres du lieutenant-colonel Quenza, mais les vents et les temps orageux le condamnent à l'inaction jusqu'à la nuit du 18 au 19 du même mois (4).

« Ce moment, dit Colonna-Cesari, le premier dans lequel on pouvait tenter le passage, fut saisi avec transport, et nous nous embarquâmes, brûlant du désir de nous mesurer avec l'ennemi.

» Le jour suivant, nous arrivâmes à la vue de la Sardaigne. Le calme arrêta notre marche pendant quelques heures ; mais, à l'approche de la nuit, le vent se fit sentir avec violence ; les gondoles de débarquement qui portaient la troupe furent contraintes de regagner le port de Boni-

---

(1) Arch. hist., cart. Corse, lettre de Casabianca datée d'Ajaccio le 9 janvier. (Pièces et doc., t. I, p. 93.)

(2) Arch. hist., cart. Corse, lettre de Colonna-Cesari, datée de Porto-Vecchio le 11 janvier. (Pièces et doc., t. I, p. 97, et Arch. dép., F₄, L₁₆₁, carton n° 19, pièce datée de Santa-Manza le 27 février.)

(3) Mémoires de Colonna-Cesari. (Pièces et doc., t. I, p. 275.)

(4) Le corps de débarquement se composait principalement du 2ᵉ bataillon des gardes nationales corses et d'un détachement du 52ᵉ, com-

facio, et la corvette *la Fauvette*, sur laquelle je m'étais embarqué, se tint à la cape pendant deux jours (1) ».

Le 22, les bâtiments de transport, escortés par la corvette, mettent à la voile pour la seconde fois, et viennent jeter l'ancre, vers midi, à l'entrée du canal qui sépare la Maddalena de Santo-Stefano. La corvette est accueillie par le feu de deux petites galères commandées par les chevaliers Porcile et Constantin, de la marine piémontaise, et a un homme tué; mais, dans la soirée, par une pluie battante, le débarquement peut toutefois s'exécuter sans trop de difficultés sur l'îlot de Santo-Stefano.

Le lendemain matin, la garnison de ces îlots, formée par une trentaine de Suisses du régiment de Courten retranchés dans une tour, est attaquée par la petite division et se rend après deux heures de combat.

L'île de la Maddalena est mieux défendue. Deux batteries, en assez mauvais état il est vrai, flanquent le port et le village, et 150 hommes de troupes régulières, commandés par le lieutenant Barmann, garnissent des retran-

---

mandé par le capitaine Ricard. Voici les noms des officiers corses qui y furent employés : Jean-Baptiste Quenza, 1er lieutenant-colonel, commandant le 2e bataillon; *Nabolione* Buonaparte, 2e lieutenant-colonel, commandant en second du 2e bataillon; Ortoli (de Tallano), Guiducci, don Giacomo Peretti, Gabrielli, Bonnelli, Anton Pierandrea Ortoli (de Sartène), Peretti (d'Olmeto), don Giovan-Battista Pietri, Guglielmi, Tavera, Ottavi et Peraldi, capitaines; Panattieri, Ciacaldi, Ambrosini, Peraldi (de Zicavo), Leonardi, Ribulli, Ortoli, Quenza, Pandolfi, Giuseppe Quilichini et Anton Paduan Pietri, lieutenants; Pierre Perretti, adjudant-major, et Antoine Robaglia, quartier-maître. (Arch. hist., cart. Corse, déclaration datée de Bonifacio le 28 février 1793, (Pièces et doc., t. I, p. 199), et Arch. départ., F₄, L₁₆₁, carton n° 19, état daté du 16 septembre 1792. *Nabolione* Buonaparte est porté sur cet état avec la mention : « *absent par congé* ».) Le bataillon de Quenza était alors à Bonifacio. Les officiers du 52e étaient les suivants : Ricard, Delage et Le Doyen, capitaines; Husquin et Danos, lieutenants; Petriconi, sous-lieutenant. (Arch. hist., déclaration datée de Bonifacio le 1er mars 1793. (Pièces et doc., t. 1, p. 201.)

(1) Arch. hist., cart. Corse, essai sur la conduite du citoyen Pierre-Paul Colonna-Cesari. (Pièces et doc., t. I, p. 193.)

chements hâtivement construits. Quelques demi-galères sont à l'entrée du port, dont elles se préparent à disputer l'entrée.

Sur l'ordre de Colonna-Cesari, le lieutenant-colonel Bonaparte, du 2e bataillon de volontaires, fait établir deux obusiers sur la pointe nord de Santo-Stefano et couvre la Maddalena de boulets qui mettent en fuite les habitants du village et la majeure partie de la garnison (1).

Un conseil de guerre, assemblé dans la soirée du 24, décide de passer le canal le lendemain à la pointe du jour, sous la protection de la *Fauvette*, et de se porter à l'attaque des deux batteries. Pendant la nuit, Colonna-Cesari est avisé que l'équipage de la corvette, d'ailleurs constitué non pas par des marins de profession, mais par des paysans recrutés au hasard sur les côtes de Provence, refuse de coopérer à l'entreprise et menace de prendre le large.

« Cette défection, dit Cesari, qui tronquait le fil de nos espérances, était propre à m'alarmer. Je passai au bord

_____

(1) Arch. hist., cart. Corse, *Mémoires de Colonna-Cesari*. (Pièces et doc., t. I, p. 281.)

de la corvette en toute diligence, et j'eus la douleur de me convaincre que l'équipage était réellement dans une insubordination complète. »

Retenu prisonnier, Colonna-Cesari ne parvient à calmer l'effervescence des matelots qu'en donnant le signal de la retraite et en écrivant à Quenza la lettre que voici :

« A bord de la *Fauvette*, le 25 février 1793.

« Citoyen lieutenant-colonel,

» La circonstance exige de donner les ordres les plus pressants à faire que l'armée se mette aussitôt en mouvement et pense à la retraite. Vous garderez de votre côté toute la contenance possible. Vous ferez jeter à la mer les effets de guerre que vous ne pourrez pas faire embarquer, et aussitôt rendu sur le convoi, vous viendrez vous mettre sous la protection de la frégate, pour que les demigalères ne puissent pas vous offenser.

» Dans une crise aussi grave, j'exhorte l'armée et vous à faire connaître de la promptitude, et de l'adresse, comme je vous ai dit (1) ».

---

(1) Arch. hist., cart. Corse, Essai sur la conduite de Colonna-Cesari. (Pièces et doc., t. I, p. 197.) On a, sur ce fâcheux événement, une déclaration ainsi conçue, du commandant de la corvette et de ses officiers : « *Récit exact de ce qui se passa à bord de la corvette* la Fauvette, *le matin* 25 *février* 1793. — Le commandant de l'expédition de la contre-attaque de la Sardaigne étant à bord, dans sa chambre, il fut appelé par l'équipage de monter sur la couverte vers les sept heures du matin. Il me fit appeler pour me demander qu'est-ce qu'on voulait, et je lui répondis que l'équipage voulait lui parler, et nous montâmes ensemble. Le commandant de l'expédition demanda à l'équipage qu'est-ce qu'il voulait, et l'équipage répondit qu'il voulait partir.

» Le commandant de l'expédition dit à l'équipage qu'il ne pouvait pas croire qu'ils voulussent laisser ses frères d'armes sur l'île de Santo-Stefano, qu'il faisait occuper par la petite armée. On lui répondit hautement qu'on voulait partir, et quelques-unes des têtes gâtées coururent à la voile.

» Le commandant de l'expédition, partant de la poupe, parcourant

Les gardes nationaux, pris de panique en recevant un ordre aussi soudain au moment où la victoire leur paraît certaine, se précipitent sur les chaloupes et s'embarquent au cri de *sauve qui peut*. Les Sardes, tout étonnés de ne pas être attaqués, font alors passer le canal à une vingtaine d'hommes, commandés par un ancien soldat nommé Domenico Millelire, et, à 7 heures du soir, surprennent Bona-

---

le long de la corvette, les larmes aux yeux, conjurait de le jeter à la mer, si on ne voulait pas lui faire le plaisir de le débarquer à l'île Santo-Stefano, qui était là à quatre pas, pour périr, s'il le fallait, avec ses frères d'armes.

» La réponse fut de vouloir partir. Le commandant susdit proposa de lui donner au moins le temps de 6 à 8 heures pour ordonner la retraite à la petite armée qui occupait l'île de Santo-Stefano, car les galères ennemies, qui étaient à sa vue, en eussent profité.

» Les matelots suspendirent à cette proposition, et j'en profitai habilement en ordonnant que ceux qui étaient d'avis de rester à protéger la retraite se portassent à tribord, et ceux qui étaient de l'avis contraire restassent à babord.

» Je fus secondé par plusieurs citoyens d'honneur de mon bord, qui, également, avec les larmes aux yeux, criaient à l'équipage qu'il fallait adopter ce parti.

» La grande majorité se porta à tribord, ce qui marquait la décision d'attendre pour protéger la retraite, et une partie, qui était d'avis contraire, resta à babord.

» Le commandant de l'expédition profita du moment et dicta l'ordre de retraite aux troupes, lequel ordre fut lu hautement et remis entre les mains d'un officier de mon bord, pour le remettre sur l'île de Santo-Stefano, au citoyen Quenza, lieutenant-colonel commandant sous ses ordres.

» Le canot partit avec la lettre et, après s'être éloigné de la corvette, il retourna. Je vis alors que quelques lâches de matelots, qui avaient prétendu de se faire un mérite en s'offrant d'aller les premiers pour effacer l'idée qu'ils étaient parmi ceux qui avaient excité l'équipage à demander à partir, n'avaient pas eu le courage d'aller, et ils retournèrent encore. J'en fis partir d'autres qui surent faire le service.» (Arch. hist., cart. Corse, récit daté de Santa-Manza, le 28 février 1793. Pièces et doc., t. I, p. 199.) Ce récit est signé des noms suivants : Goyetche, commandant de la *Fauvette;* Pierre-Louis Ducy, officier; Alangevin, lieutenant du détail; Jean-François Pilon, officier; Baptiste Fabre, officier; Promovenge, chirurgien; Dulieu, commandant du 15ᵉ régiment; Bleschamps, sous-chef; Ruaux, maître, et Henri, contremaître).

parte dans la batterie du nord de Santo-Stefano, où l'ordre de Colonna-Cesari ne lui a été communiqué que très tard.

Bonaparte regagne la plage précipitamment, sans pouvoir emmener ses canons. Il y trouve quelques chaloupes que le colonel Colonna-Cesari lui a fait passer, non sans peine, et, vers minuit, son embarquement est terminé (1).

Quelques heures après, la division met à la voile et se dirige vers le golfe de Santa-Manza, où elle débarque le lendemain matin vers 8 heures. Colonna-Cesari la conduit à Bonifacio.

---

(1) En arrivant à bord, Bonaparte se plaignit vivement d'avoir été abandonné. Il faillit être jeté à la mer et ne dut son salut qu'au dévouement de quelques-uns de ses hommes.

VIII

On a vu plus haut que le contre-amiral Truguet a envoyé le lieutenant-colonel Sailly, du 52e, avec un détachement de 700 hommes, pour garder les îles de Saint-Pierre et d'Antioche, que le capitaine du génie Ravier a, de son côté, reçu la mission de fortifier.

L'isthme d'Antioche étant menacée par le corps sarde de Camurati, établi à Palmas-Suergiu, le lieutenant-colonel Sailly occupe, avec 400 hommes, les retranchements vis-à-vis du pont.

La rade de Saint-Pierre, en exécution des ordres de Truguet, est défendue par le *Richemont*, quelques chaloupes-canonnières et quatre batteries. Une batterie de deux pièces de 8 est établie sur la côte orientale de l'île Piana et garde la passe nord; une batterie de mortiers bat le mouillage sous la tour de San-Vittorio; une autre de deux pièces de 18 croise ses feux sur la passe sud, avec les canons de la tour de Calasetta; enfin, une dernière batterie est au nord de Calasetta et fait face à la Sardaigne.

L'*Hélène* est dans le golfe de Palmas et a surtout pour mission de surveiller le pont de Sainte-Catherine.

Cet état de choses se maintient pendant deux mois. Les dispositions prises sont d'ailleurs suffisantes pour protéger la rade de Saint-Pierre contre les corsaires et contenir Camurati. Mais le 20 mai, une flotte espagnole, forte de 24 vaisseaux de ligne et de 6 frégates, fait son apparition au sud de la Sardaigne et jette l'ancre dans le golfe de Palmas. La frégate l'*Hélène* est surprise et contrainte d'amener son pavillon. Camurati se porte alors avec vigueur à l'attaque du pont, et le lieutenant-colonel Sailly, pour ne pas être battu, encloue ses canons, disperse ses munitions et se replie, dans la nuit du 21 au 22 mai, d'abord sur Calasetta, ensuite sur l'île de Saint-Pierre.

La frégate le *Richemont,* bloquée devant Carloforte, est désarmée par ses matelots puis brûlée. Ses canons servent à garnir deux nouvelles batteries construites sur la plage.

Le 25, toute la flotte ennemie pénètre dans la rade, et 1.800 canons s'apprêtent à ouvrir le feu contre la ville (1).

Le lieutenant-colonel Sailly, comprenant que toute résistance est désormais inutile, accepte les propositions de paix qui lui sont faites, aux conditions que voici, par le commandant don Francesco Borga, de la flotte espagnole :

« 1° Le roi et la nation espagnole, persévérant dans les sentiments d'humanité qu'ils ont toujours professés à l'égard de leurs ennemis, comme on le sait de tout temps, je consens, au nom de Sa Majesté catholique, que le commandant de la marine sorte avec sa troupe et son équipage de la forteresse de l'île de Saint-Pierre, où il réside, et qu'il en sorte avec les honneurs militaires, à la charge par lui, par sa troupe et son équipage, de laisser dans la place toutes leurs armes et de venir à bord des vaisseaux du roi en qualité de prisonniers de guerre, sans cependant qu'aucun officier, soldat ou qui que ce soit, qui dépende de la nation française, puisse être privé d'aucun des effets qui lui appartiennent, la propriété devant être respectée.

» 2° Il en sera de même à l'égard du commandant et de la troupe française de terre qui garnissent le château, et de tous ceux qui dépendent de la susdite troupe.

» 3° Toute l'artillerie, toutes les munitions de guerre et

_____

(1) Arch. hist., cart. Corse, lettre de Sailly datée de Barcelone le 14 juin 1793. (Pièces et doc., t. I, p. 349.)

de bouche et tout ce qui appartient à la République française restera à la disposition de Sa Majesté catholique.

» 4º Tous les prisonniers de guerre seront bien traités à
bord des vaisseaux du roi, comme l'ont toujours été les
individus de cette classe tombés au pouvoir des Espagnols.

» 5º Sous ces conditions, on procèdera ce soir même à la
reddition de la forteresse à la troupe espagnole. La capitulation sera confirmée par tous les commandants de terre et
de mer et chacun d'eux pourra en garder un double. »

Un article additionnel, demandé par le colonel Sailly,
place la municipalité et le peuple de Saint-Pierre sous la
protection spéciale du gouvernement espagnol, et stipule
qu'aucun citoyen ne sera inquiété pour avoir adhéré aux
principes de la Révolution française (1).

Le 26 mai, dans l'après-midi, toute la garnison de l'île
de Saint-Pierre passe à bord des vaisseaux espagnols, qui,
dès le lendemain, la conduisent à la citadelle de Barcelone.

L'expédition de Sardaigne finit ainsi par un désastre
nouveau qu'on aurait pu éviter (2). L'insubordination des
volontaires a certainement pesé d'un grand poids sur les
événements qui se sont produits, mais n'en a pas été la
seule cause.

« Ce n'était, dit Casabianca, ni dans la saison de l'hiver,
ni avec des troupes de nouvelle levée qu'il fallait se présenter en Sardaigne; en outre, les vivres n'étaient point en
assez grande abondance, puisqu'il me fut dit par le major
général de l'escadre que, si je ne prenais pas Cagliari en
six jours, il faudrait aller chercher des vivres en Italie;
en outre, l'argent manquait; plusieurs des troupes deman-

---

(1) Arch. hist., cart. Corse, capitulation de l'île Saint-Pierre. (Pièces
et doc., t. I, p. 347.)

(2) A la date du 23 mai, alors que la garnison de Saint-Pierre était
sur le point de se rendre, il fut pris un arrêté par le Comité de Salut-
public, qui rappelait en Corse cette garnison fortement réduite par les
maladies.

dèrent avant de débarquer, et par plusieurs députations assez séditieuses, le paiement d'arrérages de solde qui leur étaient dus; on ne put les payer, elles en furent mécontentes et servirent mal. J'avais si peu de munitions qu'en ramassant tout le papier et les balles qui se trouvèrent à bord des bâtiments de l'escadre, je ne pus me procurer que 80.000 cartouches, très insuffisantes pour aller attaquer un pays où tout le monde est armé. Il est vrai qu'un bâtiment de l'escadre en était chargé; mais il fut jeté par la tempête sur les côtes d'Italie et ne reparut plus. Cet inconvénient venait à la vérité d'un contretemps qu'on ne pouvait absolument empêcher, mais on pouvait et on devait le prévoir. Il est toujours de la dernière imprudence de compter, pour être approvisionné à temps, sur quelque chose d'aussi inconstant que la mer et les vents, surtout en hiver (1). »

(1) Arch. hist., cart. Corse, rapport de Casabianca daté de Nice le 26 pluviôse an III. (Pièces et doc., t. I, p. 189.)

Campagne de Corse.

I

Les opérations contre la Sardaigne ont eu un si triste
dénouement, que personne ne veut en assumer la respon-
·sabilité. Truguet met son échec sur le compte d'une
longue et dispendieuse attente, et parle d'entraves sans
nombre, de basses jalousies et de complots dénoncés et
impunis (1). D'autres encore vont plus loin, et ne craignent pas de s'en prendre au général Paoli, dont le rôle
d'ailleurs a pu paraître équivoque (2). Aréna le dénonce,
en termes violents, au comité de Salut public, et Lucien
Bonaparte le dessert auprès du club de Marseille. Les
Provençaux, de retour à Toulon, le signalent comme
modéré (3).

En Corse, du reste, on n'a pas été sans avoir à regretter
de fâcheux événements. On a vu plus haut les échauffou-
rées provoquées par les volontaires; à Ajaccio, les troupes

---

(1) Arch. hist., cart. Corse, lettre datée du 22 juillet 1793.

(2) Arch. hist., cart. Corse, relation de l'expédition de Sardaigne,
écrite à Nice, par Aréna, le 10 mars 1793. (Pièces et doc., t. I, p. 245
et suiv.)

(3) Arch. hist., cart. Corse, adresse de la société républicaine de
Toulon à la Convention nationale. (Papiers et doc., t. I, p. 312.)

de ligne sont à peine embarquées sur les vaisseaux du contre-amiral Truguet, que la municipalité, favorable à Paoli, bien qu'il s'en défende (1), s'oppose formellement à l'introduction, dans la citadelle, du bataillon de garde nationale commandé par le lieutenant-colonel Casalta (2). Presque partout, le pouvoir civil, secrètement soutenu par Paoli, est nettement hostile à la Révolution.

Le comité de Salut public n'ose pas frapper tout d'abord le gouverneur de la Corse, mais il croit prudent de s'assurer « si notre déclaration de guerre contre le roi d'Angleterre n'a pas eu quelque influence sur les sentiments qu'il a manifestés jusqu'ici » (3).

Le général Biron, qui a remplacé d'Anselme à l'armée du Midi, ayant demandé des instructions sur la conduite qu'il doit tenir à l'égard de Paoli, est prié de mander ce général auprès de lui et de l'interroger (4).

Le 11 février, un bâtiment est envoyé à Bastia pour le prendre, mais Paoli, qui n'est pas dupe, se dérobe et refuse de partir en prétextant que son grand âge ne lui permet plus de voyager (5).

A partir de ce moment, le général Biron a le pressentiment que le général Paoli livrera la Corse à la première escadre anglaise qui se présentera. Dès le 6 mars, il informe le Ministre de la guerre qu'il y a lieu d'augmenter

---

(1) Arch. hist., cart. Corse, lettre de Paoli datée de Corte le 13 janvier. (Pièces et doc., t. I, p. 100.)

(2) Arch. hist., cart. Corse, lettre de Casabianca datée d'Ajaccio le 9 janvier. (Pièces et doc., t. I, p. 92.)

(3) Arch. hist., cart. Corse, lettre du Ministre de la guerre datée du 23 février. (Pièces et doc., t. I, p. 168.) Après le combat de Pontenovo, qui avait décidé du sort de la Corse, Paoli s'était réfugié en Angleterre, où il était resté jusqu'en 1790.

(4) Arch. hist., cart. Corse, lettre datée de Paris le 3 février. (Pièces et doc., t. I, p. 127.)

(5) Arch. hist., cart. Corse, lettre datée de Corte, le 1er mars. (Pièces et doc., t. I, p. 116.)

immédiatement les garnisons de cette île : « Cela m'af-
flige bien douloureusement avec le peu de forces que j'ai,
lui dit-il, mais il faudra bien aller au plus pressé et s'a-
bandonner pour le reste à vous et à la Providence (1). »

Le 22, le commandant en chef de l'armée d'Italie demande encore la destitution de Paoli et son remplacement
par un autre général. Le 4 avril enfin, il renouvelle ses instances et propose le général Barbentane (2). Mais, entre
temps, et malgré l'avis des députés corses Andrei et Bizio,
le comité de Salut public a pris des mesures énergiques
et décidé, par un décret du 2 avril, que Paoli sera appelé
à la barre de la Convention, ainsi que le procureur général syndic du département, Pozzo di Borgo (3).

Une décision antérieure ayant prescrit que des représentants seraient envoyés dans l'île, avec des pouvoirs illi-
mités, pour y connaître des événements qui s'y sont passés
et prendre telles mesures qu'ils jugeront convenables,
Lacombe Saint-Michel, Delcher et Saliceti (4) débarquent
à Saint-Florent, le 6 avril, avec le 1er bataillon du 61e,
qu'ils dirigent sur Bastia. Ils adressent à la Corse une proclamation où il est dit : « Nous arrivons ici étrangers à
tout esprit de parti, et si la mésintelligence pouvait trou-
bler l'harmonie qui doit régner entre des frères, nous nous
mettrions au milieu d'eux pour les concilier (5) ».

---

(1) Arch. hist., cart. Corse, lettre datée de Nice. (Pièces et doc., t. I,
p. 242.)

(2) Arch. hist., cart. Corse, lettre datée de Nice. (Pièces et doc., t. I,
p. 291.) « Une parfaite tranquillité, dit Biron, est le meilleur parti que
nous puissions tirer du général Paoli ».

(3) Le décret fut rendu sur la proposition de Cambon. Il parvint à
Bastia le 14 et fut signifié le 18 à Paoli.

(4) Comité de défense générale, 23e séance, et Convention nationale,
séance des 1er et 5 février 1793. (Pièces et doc., t. I, p. 405.) La Convention avait d'abord désigné Ferry, mais le 5 février elle le remplaça
par Lacombe Saint-Michel.

(5) Arch. hist., cart. Corse, proclamation datée de Bastia le 10 avril.
(Pièces et doc., t. I, p. 295.)

Le procureur syndic du département, Pozzo di Borgo, envoie deux délégués auprès des représentants pour les assurer de son républicanisme (1), et Saliceti, qui a été l'ami de Paoli, et est originaire, comme lui, du canton de Morosaglia, se rend à Corte pour essayer d'entrer en relations avec le gouverneur de la Corse (2). Paoli, vivement soutenu par Pozzo di Borgo, se répand en récriminations contre le gouvernement de la France, et fait comprendre à Saliceti qu'il n'a plus qu'à se retirer.

A cette fin de non-recevoir, les représentants répondent par une destitution. Le 17 avril, Paoli est remplacé par le général Casabianca, et cette mesure, pourtant nécessaire, provoque une explosion de colères qui se traduit de tous côtés par des actes de rebellion.

A Calvi, en particulier, commande le vieux général Maudet qui est entré au service en 1734. Les représentants du peuple lui écrivent pour l'informer qu'il ne doit plus obéir qu'à Casabianca, et, dès le 20 avril, une sédition est fomentée par le maire.

« Je ne vous avais donné par ma dernière lettre, écrit Maudet, le 23 avril, aux représentants, qu'un précis très succinct de mon opération sur la place de Calvi. Aujourd'hui qu'elle est entièrement terminée, et que j'ai un moyen de vous faire parvenir sûrement cette lettre, je m'empresse de vous donner le narré exact de cette affaire pour éviter des versions infidèles et exagérées que l'on pourrait en faire courir. Voici son exposé dès l'origine.

» La conduite séditieuse de l'abbé Sivori, maire de la ville, chargé par Paoli d'ordres secrets, les mesures hostiles du lieutenant-colonel Murati, commandant de la garde natio-

---

(1) Arch. hist., cart. Corse, exposé historique des faits qui ont donné lieu à l'assemblée du 26 mai 1793. (Pièces et doc., t. I, p. 351.)

(2) Arch. hist., cart. Corse, lettre non datée d'Aurèle Varese. (Pièces et doc., t. II, p. 20.)

nale soldée, qui, posté dans le Palais, s'isolait avec sa troupe au point de ne reconnaître presque en rien mon autorité, et s'échappait en menaces très alarmantes et fondées sur le puissant appui que lui prêtait sourdement Paoli, ainsi qu'au maire, comme le prouve la correspondance secrète qui a été saisie ; les paroles inciviques lâchées par plusieurs de leurs partisans, tout mettait depuis longtemps les bons citoyens de Calvi dans un état d'anxiété des plus cruels.

» Le petit nombre de troupes de lignes, et la dépendance de Paoli où me mettait mon grade, m'empêchaient de faire valoir par la force les moyens de sûreté que je prenais tous les jours à mesure de l'accroissement du danger. Il était à son comble, lorsque je reçus, le 19 avril au soir, la lettre que me remit de votre part le citoyen Massoni, laquelle, en me donnant avis de la destitution de Paoli, m'autorisait à prendre tous les moyens de m'assurer de Calvi. Je m'en occupai à l'instant même.

» Le lendemain au matin, je reçus mon brevet de lieutenant général et je fis assembler chez moi la municipalité entière, le citoyen Verquin, commandant du génie, le citoyen Goumond, commandant au 26e régiment, commandant la troupe de ligne, et les autres officiers de ce détachement, les citoyens Bourbenec, capitaine, et Vankempen, lieutenant de vaisseau, commandant les frégates *la Prosélyte* et *la Perle* (1) mouillées en rade, le lieutenant-colonel Murati, commandant la garde nationale soldée, le citoyen de Sarroc, faisant fonctions de commissaire des guerres et plusieurs autres fonctionnaires publics ou des principaux citoyens. Je leur fis lecture de votre lettre et les engageai, au nom de la loi et du bien public, à me seconder de tout leur pouvoir ; tous me promirent. Je n'avais pas besoin

---

(1) On a vu plus haut que la *Perle* s'était échouée à hauteur de Galeria. On l'avait renflouée et conduite à Calvi.

qu'ils me le jurassent, j'étais assuré d'avance de leurs sentiments. Le maire et Murati seuls m'étaient suspects; mais
quoiqu'ils dussent peu d'instants après nous trahir si in-
dignement, la crainte leur fit dire ce que le pur patriotisme
inspirait aux autres; mais, en sortant, ils tinrent probable-
ment conseil entre eux, et voici quel en fut le résultat :

» Sur les trois heures après midi, le maire se présenta
chez moi, avec une forte escorte, à laquelle il consigna,
sans que j'en susse rien, de ne laisser entrer personne.
Les citoyens Vial et Prin, officiers au 26e régiment, se présentèrent un moment après pour affaires; l'entrée leur fut
refusée. Fort surpris de cet acte de violence, mais ne voulant pas forcer une troupe même illégalement mise en
action par un fonctionnaire public, ils se retirèrent. Je
leur dis par ma fenêtre que j'étais bloqué par les satellites
du maire. Je ne pouvais ignorer ses mauvais desseins sur
ma personne, puisque, quinze jours auparavant, il me dit du
ton le plus insultant, dans ma maison même et en présence
de ma famille, que dans l'occasion je serais sa première
victime immolée. J'ordonnai donc qu'on me dégageât, et
sur l'avis qu'en reçut le citoyen Gounond, capitaine commandant le 26e régiment, qui ne se trouvait point dans ce
moment auprès de moi, il courut promptement à sa troupe
en armes, 25 hommes, qui vinrent de suite s'emparer de
ma porte et en chasser les gens du maire.

» Cette première démarche faite à temps fut le prélude de
l'action qui s'allait passer. Il était clair que le maire, en
agissant ainsi contre toutes les lois, avait cherché à sur-
prendre et à gagner de vitesse les troupes de ligne, pour
les forcer à évacuer la place et la mettre au pouvoir de
Paoli. Je sentis qu'il n'y avait pas un instant à perdre.
J'envoyai ordre sur le champ aux deux capitaines des frégates de faire monter à la ville haute le nombre de soldats
de ligne des 39e et 50e régiments, de canonniers et de matelots qu'ils étaient convenus de me fournir en cas de

besoin. Je fis doubler les postes déjà occupés, j'en établis de nouveaux. Ce détachement entré dans la ville fut retenu sous le Palais par des gardes nationales postées sur le Donjon, qui, par les ordres du maire et de Murati, tinrent cette troupe en joue plus d'une demi-heure pour la couper et empêcher sa jonction à ses frères d'armes pour secourir la place; et ce ne fut qu'avec beaucoup de peine et de danger qu'elle parvint à pénétrer jusqu'à la ville haute.

» Dans cet intervalle, tous les bons citoyens, ayant à leur tête la municipalité, irrités de cette hostilité, coururent aux armes, se réunirent avec la plus grande célérité possible aux troupes de ligne. La compagnie de Fabiani, des gardes nationales soldées, la seule attachée, à l'exemple de son capitaine, aux véritables intérêts de l'Etat, garda le poste très avantageux de l'évêché, où elle était logée, parce que Murati, qui s'en défiait, l'avait, quelques jours avant, éloignée du poste du Palais. Le citoyen Gounond, commandant la troupe de ligne, fit placer une pièce de canon chargée à mitraille dans une des chambres de son casernement, d'où il pouvait battre avec avantage la petite place d'entrée du Palais et empêcher que ceux des gardes nationales qui y étaient n'en sortissent pour se joindre aux partisans qu'ils auraient pu avoir dans la ville, ou que ces derniers n'allassent se jeter avec eux dans ce poste.

» Toutes ces mesures [furent] prises avec toute la fermeté et le sang-froid propres à faire réussir un pareil coup de main. Les gardes nationaux postés dans le Palais, se voyant pressés de tous côtés, se sont rendus. Le lendemain je leur ai fait évacuer le Palais après les avoir désarmés et fait soigneusement visiter leur casernement et leur équipage. J'avais d'autant plus de raisons pour en agir ainsi que, par ordre du maire, ces gardes nationaux avaient enfoncé la salle d'armes attenante à l'intérieur du Palais et s'étaient, sans que je pusse m'y opposer, emparés de 259 fusils neufs

dont 91 se sont trouvés perdus, malgré les perquisitions
exactes que j'ai fait faire, et que Murati avait retenus, sur
une réquisition où il s'autorise de Paoli ; 6 caisses, de mille
cartouches à balle chaque, sur 36 qui existaient dans le
magasin, lesquelles j'avais fait enlever quelques jours
auparavant avec beaucoup de peine.

» Cette troupe, par l'intervention de la municipalité et à
sa réquisition, a été conduite hors de la ville avec ses officiers, à l'exception de la compagnie de Fabiani, qui fait
avec le plus grand zèle le service de la place avec les 4
compagnies du 26e régiment, les détachements des 39e et
50e régiments des canonniers, et les matelots embarqués
sur les frégates, et la compagnie qu'a levée de suite le
citoyen Massoni, capitaine breveté par le pouvoir exécutif.

» La sûreté de la place et la conduite incivique du lieutenant-colonel Murati m'ont déterminé, ainsi que la municipalité, à retenir et faire garder à vue cet officier et son
fils, capitaine des grenadiers, jusqu'à nouvel ordre. La
même raison avait porté la municipalité à s'assurer aussi
de la personne de l'abbé Sivori, maire, auquel elle a
nommé pour suppléant provisoire le citoyen Roffo, un de
ses membres. Cet abbé était gardé dans sa maison par des
citoyens, après la saisie de ses papiers ; mais, le soir du 21
avril, il a trouvé le moyen de s'échapper et est disparu.

» J'ai cru aussi, citoyens, qu'il était essentiel au bien
public de refuser l'entrée de la ville au citoyen Panattieri,
qui me l'a demandée par une lettre dans laquelle il se qua-
lifie commissaire du département, nommé dans le district
de l'Ile-Rousse, pour aller y rétablir l'ordre ; j'avais beaucoup de raisons pour suspecter cette démarche, plusieurs
se sont réalisées depuis. Enfin, citoyens, j'ai usé de tous les
moyens légitimes et efficaces de m'assurer de la place. J'ai
la satisfaction d'y avoir réussi, et tous les bons citoyens
s'en sont réjouis avec moi en plantant le drapeau tricolore
sur ce même donjon du Palais qui servait depuis longtemps

de repaire aux ennemis de la chose publique. Le plaisir que j'en ressens est d'autant plus vif que cette opération, qui, dans le principe, semblait devoir être très orageuse, n'a pas coûté une goutte de sang, que tout s'y est fait au nom de la loi, sans le moindre désordre, quoique avec une extrême vigueur.

» J'ai été parfaitement secondé par la municipalité, qui a fait le plus digne usage de ses pouvoirs, par les citoyens, les troupes de ligne, et en général par tous les individus qui pouvaient et devaient agir pour la défense de la place. Ce concours heureux de volontés et d'efforts m'a prouvé d'une manière bien éclatante quelles forces résultent de l'union parmi les citoyens et du vrai patriotisme bien dirigé. Le service partagé entre tant de personnes différentes se fait avec une régularité et une harmonie si parfaites que les membres du même corps ne sont pas plus concordants.

» Après vous avoir fait l'éloge en général de tous les citoyens qui ont concouru avec moi à l'entier succès de mon entreprise, je crois également nécessaire et juste, citoyens, de vous faire noter ici ceux qui s'y sont distingués, de manière à fixer particulièrement votre attention.

» Le plus bel éloge que je puisse vous faire de la municipalité est de dire qu'elle s'est mise en tout et partout à la hauteur de la place qu'elle occupe.

» Je dois beaucoup aux sages dispositions du citoyen Verquin, capitaine chef du génie; il a déployé en cette occasion toutes les ressources du talent et d'une longue expérience.

» Je ne dois pas moins au zèle actif des citoyens Bourbenec, capitaine de vaisseau commandant la frégate *La Prosélyte*, et Vankempen, lieutenant de vaisseau commandant *la Perle*, de tous leurs officiers, du citoyen Latour, capitaine commandant le détachement du 50e régiment embarqué sur le dernier bâtiment. Le renfort qu'ils m'ont fourni, et qui m'est parvenu à temps, en affrontant le feu des gardes nationales du poste du Palais, a assuré le succès de mon entreprise et empêché qu'elle ne fût sanglante.

» On ne peut trop louer la conduite du citoyen Massoni, qui m'a remis votre première lettre et a fait preuve dans cette affaire d'un patriotisme très pur et d'un grand attachement aux intérêts de la nation en se portant avec célérité où le bien public l'appelait, et en mettant de suite sur pied une compagnie complète pour servir l'Etat.

» Il en est de même du citoyen Flach, officier au 50e régiment et mon aide de camp, qui, malgré la certitude qu'il avait d'être sacrifié des premiers si le parti contraire prévalait, n'a cessé de porter partout mes ordres, même dans le Palais, rempli de ses plus mortels ennemis.

» On doit les mêmes éloges au citoyen Fabiani, capitaine d'une compagnie de gardes nationales soldées, lequel, par une suite du patriotisme qu'il avait toujours manifesté, s'est détaché de suite avec sa compagnie du reste du bataillon et a défendu vigoureusement le poste important de l'évêché, et fait actuellement le service avec le reste de la garnison, en attendant la place qu'il mérite dans la nouvelle organisation.

» J'ai trouvé dans le citoyen de Sarroc, trésorier et faisant fonctions de commissaire des guerres, qui a réuni de tous temps dans cette place le suffrage et l'estime des honnêtes gens, tout ce qu'on pouvait attendre d'un aussi digne citoyen; ses soins relatifs à la double fonction qu'il exerce ont été ceux d'un véritable ami de sa patrie.

» Le citoyen Giubega père, juge de paix, et son fils ont concouru à l'envi à tout ce qui pouvait rompre les mesures des malveillants, déterminer le vœu du public et assurer sa tranquillité.

» Mais on doit compter parmi les plus importants services ceux qu'a rendus dans cette journée le citoyen Gou-

nond, capitaine au 26e régiment, commandant la troupe
de ligne. Son activité, son zèle et sa fermeté ont su pourvoir avec toute l'activité possible aux besoins urgents de
la place ; il m'a dégagé avec sa troupe des mains des satellites du maire, avec la dernière promptitude. Cette démarche décisive et vigoureuse a empêché que sa troupe ne
fût gagnée de vitesse, a déterminé la totalité des citoyens,
dont son succès a doublé la résolution et la confiance ; il
a su effrayer à temps les gardes nationales du Palais en
faisant placer dans son quartier la pièce de canon qui a
achevé de les déconcerter. Et (ce qui n'est pas une des
moindres choses qu'il ait faites pour le bien public) il a
ouvert l'avis de saisir la correspondance secrète du maire
avec Paoli, laquelle il jugeait remplie d'articles très pré-
judiciables aux intérêts de l'Etat et bien propres à dévoiler
leurs manœuvres. Depuis qu'il commande la troupe de
ligne dans cette place, nous devons à ses soins, à sa prudence et à la confiance qu'il a su inspirer à sa troupe, la
belle conduite qu'elle y a constamment tenue ; en sorte
qu'il est vrai de dire que ce citoyen, digne à tous égards
de commander, a très bien mérité de la patrie et a des
droits à ses bontés.

» Voilà, citoyens, le détail exact de ce qui s'est passé
dans la place de Calvi, dans la journée du 20 avril. Je met-
trai tout en usage pour en conserver les avantages, en
ordonnant une vigilance très sévère et pour le service et
sur les individus suspects qui pourraient chercher à nous
nuire. C'est le seul moyen de ne pas perdre le fruit de nos
travaux et d'assurer de plus en plus à la République une
place que ses ennemis avaient jugée assez importante pour
former dessus les desseins les plus pernicieux (1). »

La caisse nationale, d'ailleurs peu riche, était à Bastia ;

---

(1) Arch. hist., cart. Corse, lettre de Maudet. (Pièces et doc., t. I,
p. 301.)

pour l'avoir sous la main, Paoli l'a fait transférer à Corte, de son propre mouvement, et n'a pas voulu se conformer aux ordres du Conseil exécutif qui ont rapporté cette mesure (1). Il est vrai que la ville de Corte est entièrement soumise à la volonté de Paoli, et qu'il existe à Bastia de nombreux partisans du gouvernement de la République (2).

Vers la fin d'avril, ou dans les premiers jours de mai, l'administration départementale lance un manifeste qui est, à proprement parler, une déclaration de guerre contre la France. Ce manifeste se termine ainsi :

« Popoli amatissimi, state all'erta; siete armati, e conoscete i vostri diritti, sosteneteli; e mostrate che quelli i quali combatterono con San Piero, e che furono liberi con Paoli, sanno essere leali alle loro promesse, ma terribili per chi vorrebbe opprimerli (3). »

A l'Ile-Rousse et à Porta, deux détachements de troupe de ligne sont désarmés et maltraités au cri de : « Vive l'Angleterre ! » Des excès de toute nature sont commis dans la Balagne au nom de Paoli.

« Nous aurions déjà marché avec des troupes pour réprimer et punir ces excès, écrit Lacombe Saint-Michel au ministre de la guerre Bouchotte, mais nous craignons, si nous dégarnissons Bastia et Calvi, que Paoli ou ses représentants ne s'en emparent. Déjà nous avons été obligés d'employer l'adresse et la force pour reprendre ces deux villes, qui étaient occupées par des hommes affidés à Paoli (4). »

---

(1) Arch. hist., cart. Corse, adresse non datée. (Pièces et doc., t. I, p. 313.)

(2) Une société, celle des Amis de la liberté et de l'égalité de la ville de Bastia, est particulièrement hostile à Paoli. Elle compte dans son sein le député Aurèle Varese et a pour président Semidei.

(3) Arch. hist., cart. Corse, proclamation non datée. (Pièces et doc., t. I, p. 316.)

(4) Arch. hist., cart. Corse, lettre de Lacombe Saint-Michel datée de Bastia le 11 mai. (Pièces et doc., t. I, p. 317.)

A Ajaccio, le lieutenant-colonel Colonna-Leca, dévoué à Paoli, s'est enfermé dans la citadelle avec le bataillon de gardes nationaux dont il a le commandement, et tient en respect, sur des gabares, la garnison française qu'il a remplacée (1).

A Bonifacio, le lieutenant-colonel Quenza, dont la vieille amitié pour Paoli s'est manifestée en différentes occasions, se fait livrer par intimidation les armes, les munitions et la caisse militaire de la place.

Le 2ᵉ bataillon du 52ᵉ, dont deux compagnies ont parti cipé à l'expédition de la Maddalena, est désarmé et relégué à Saint-Julien (2).

Le général Casabianca a ordonné à une compagnie de grenadiers du 26ᵉ, détachée par Paoli dans l'intérieur, de rentrer à Bastia, où sa présence est plus utile. Le peuple de Cervione, qui a déjà abattu son arbre de la liberté, s'ameute sur son passage et refuse de la recevoir, ce qui permet à la municipalité de l'arrêter dans sa route et de la retenir sous prétexte de rétablir l'ordre, mais en réalité pour servir Paoli. La compagnie de grenadiers ne peut rentrer à Bastia que sur l'intervention énergique de Lacombe Saint-Michel, qui lui prescrit de repousser la force par la force et se met en mesure de la faire soutenir en envoyant du canon dans la plaine de Mariana.

Le 13 mai, l'administration départementale, ayant à sa tête Pozzo di Borgo, est destituée et remplacée, le lendemain, par une commission présidée par Orbecchi-Pietri.

---

(1) Cette garnison avait surtout été formée de l'équipage du *Vengeur*. Le 24 avril, une partie de la population essaya, par ruse, de s'emparer de la citadelle en y introduisant des canons, mais son entreprise fut déjouée. (Arch. départ., F₁, L₈₀, cart. 12. Récit de ce qui s'est passé le 24 avril 1793). Le bataillon de Colonna-Leca avait été formé par Casalta.

(2) Ce 2ᵉ bataillon s'embarqua à Propriano, dans le courant de juillet, sur des bâtiments de transport, qui le conduisirent d'abord à Saint-Florent, puis à Bastia. (Arch. hist., cart. Corse, lettre de Lacombe Saint-Michel datée de Calvi le 30 juillet. Pièces et doc., t. II, p. 52.)

Le 15, l'administration supprimée, mais toujours en fonctions, écrit à Lacombe Saint-Michel et à Delcher pour leur dénoncer Saliceti comme l'auteur de tous les maux, et, le 16, à la suite de considérants injurieux pour la représentation nationale, elle décide qu'une consulte générale se réunira le 26 à Corte. A partir de ce moment, les événements se précipitent. Le 24, Paoli, destitué, mais protestant toujours de son amour pour la France, adresse au peuple corse une proclamation dans laquelle il désigne les représentants du peuple comme des agents secrets de la république de Gênes. Il affirme que cette république, désireuse de recouvrer sa souveraineté sur la Corse, a compté cent mille écus à chaque représentant envoyé dans l'île et acheté, au prix de vingt-cinq millions, la complicité de la Convention nationale (1).

Le 23 mai est arrivé à Bastia le général Saint-Martin, qu'un décret du comité de Salut public a nommé commandant provisoire de la 23e division, en remplacement du général Casabianca, relevé de ses fonctions pour apaiser les esprits (2). Dès le 25, Lacombe Saint-Michel est prévenu par lui que de très nombreux officiers et soldats des trois bataillons d'infanterie légère corse créés, dans les derniers jours d'avril, en vertu d'un décret de la Convention pris, le 5 février, sur l'initiative de Saliceti, désertent leurs drapeaux pour éviter le pillage de leurs biens par les partisans de Paoli.

Le 26 a lieu l'assemblée générale du peuple corse, qui méconnaît l'autorité des représentants, sanctionne tous les procédés d'intimidation dont il a été fait usage et prescrit

---

(1) Arch. hist., cart. Corse, lettre de Delcher. (Pièces et doc., t. I, p. 341.)

(2) Arch. hist., lettre de Saint-Martin datée de Bastia le 25 mai. (Pièces et doc., t. I, p. 342.) Le général Casabianca est envoyé à Calvi pour y commander en remplacement de Maudet, que son grand âge a rendu trop peu actif.

à tous les habitants de l'ile, employés à un titre quelconque par les Français, de rentrer chez eux avant quatre jours, sous peine d'être traités comme factieux et de s'attirer des représailles. Cet acte, qui n'apprend rien de nouveau, mais prouve surabondamment que toutes les résistances qui se sont produites ne l'ont été qu'avec la connivence de Paoli, est connu le 2 juin dans toute la Corse et y cause une très grande émotion (1).

Les commissaires de la Convention ont naturellement réformé trois des quatre bataillons de gardes nationales dont les chefs sont des créatures de Paoli ; l'assemblée de Corte rapporte cette mesure et celle qui a frappé l'administration départementale, refuse d'accepter les assignats, s'oppose à la constitution civile du clergé, proclame Paoli généralissime de l'ile et lui décerne solennellement le titre de Père de la Patrie (2).

Dans sa troisième et dernière séance, elle déclare que bien que Barthélemy Arena se soit rendu coupable de félonie et que les frères Bonaparte aient appuyé ses impostures et se soient réunis aux commissaires qui menacent de vendre la Corse aux Génois, il n'est pas de la dignité du peuple corse de s'occuper de ces hommes et de leurs familles. « Ils sont abandonnés à leurs remords et à l'opinion publique qui, déjà, les a condamnés à une perpétuelle infamie » (3).

---

(1) Les décisions de l'assemblée générale de Corte, dont Paoli était le président, furent signées par 1.009 députés des différentes communes et 2.056 citoyens accourus de tous les points de la Corse.

(2) Un article qu'elle vote est cependant ainsi conçu :

« Il popolo corso prende sotto la salvaguardia della sua bravura e della sua lealtà la conservazione e la difesa del suo territorio contro ogni invasione nemica e straniera ; incarica inoltre il generale Paoli, il Consiglio generale, e gli aggiunti di scegliere i mezzi per pervenirvi. »

(3) Processo verbale della consulta generale del dipartimento di Corsica. Corte, 1793. (Pièces et doc., t. 1, p. 366 et suiv.)

II

Au 25 mai 1793, tout l'intérieur de l'île, à part quelques très rares cantons, est au pouvoir des partisans de Paoli, ainsi que les places maritimes d'Ajaccio, de Bonifacio et de l'Ile-Rousse.

Il ne reste plus aux Français que les seules places de Bastia, de Saint-Florent et de Calvi, défendues par une artillerie qui est suffisante comme nombre, mais très inférieure comme qualité. Le personnel fait partout défaut.

« Il nous manque, écrit Saint-Martin au Ministre de la guerre, le nombre de canonniers nécessaires pour servir les pièces; on y a suppléé, autant que possible, par des soldats auxiliaires qui ont été exclusivement attachés à ce service et auxquels, en raison du travail plus pénible dont ils sont chargés, il a été accordé un sol par jour de haute paye. Il a été construit des fourneaux pour rougir les boulets, et les mortiers ont été mis en batterie.

» Les six bataillons qui sont dans cette île, dont cinq de ligne et un de gardes nationaux (1), réduits au-dessous du complet de paix, ne suffisent pas au service qu'exige

---

(1) Ces bataillons sont les suivants : 2 bataillons du 26ᵉ à Bastia et Calvi ; 2 bataillons du 52ᵉ (dont 8 compagnies ont été désarmées par Quenza, ce que Saint-Martin ignore encore) à Bonifacio et à Calvi ; 1 bataillon du 61ᵉ à Bastia et à Saint-Florent, et le 2ᵉ bataillon des Bouches-du-Rhône à Calvi.

l'état de guerre dans lequel ce pays doit être considéré; il est de la plus grande urgence que le recrutement vienne les compléter et les élever tous au complet de 750 hommes par bataillon. J'en ai eu la promesse du général Brunet en quittant l'armée d'Italie, et je lui écris par le même courrier pour le prier de presser l'exécution de cette mesure. Il reste dans cette île un noyau d'environ 300 hommes du ci-devant régiment Salis-Grison. Il importerait de l'organiser promptement, soit comme 95ᵉ régiment en le complétant en recrues françaises, soit en le formant sur le pied d'infanterie légère.

» Des ordres ont été donnés pour faire passer dans cette île le bataillon de l'Aveyron; j'y ai amené la compagnie franche des Alpes-Maritimes, dont la force se monte à 75 hommes.

» Si le recrutement était effectué, ces différents corps de troupe composeraient une force continentale de 6.700 hommes et suffiraient strictement à la conservation des places maritimes.

» Une grande partie des fournitures ayant été enlevées pour l'expédition de Sardaigne, il serait impossible de pourvoir la troupe en couvertes et en paillasses, si ces objets enlevés n'étaient pas remplacés.

» Les trois bataillons de chasseurs levés nouvellement dans ce département, et celui des gardes nationaux soldés qui est resté sur pied, se montent, l'un dans l'autre, à 400 hommes chacun, et, par les circonstances intérieures de cette île, il n'est pas possible d'espérer qu'ils se renforcent davantage.

» Ces bataillons servent à couvrir Bastia en occupant le poste de Furiani, à assurer la communication de Bastia à Saint-Florent, et à former une partie des garnisons de Saint-Florent et de Calvi.

» La spoliation des arsenaux nous a privés des fusils qui avaient été déposés dans cette île, d'où il est résulté non seulement l'impossibilité d'armer aussitôt la totalité de ces bataillons, mais encore de faire des remplacements dans les autres corps de troupe, lorsque quelque accident y oblige (1) .»

Prévoyant les défections qui commencent déjà à se produire, les réprésentants du peuple ont demandé un renfort de 4.000 continentaux que le comité de Salut public a accordé. Il a été décidé qu'il serait pris dans l'armée du Var et remplacé par huit bataillons de l'Isère; mais le blocus de Toulon d'une part, et les événements des Pyrénées de l'autre, ne permettent pas de le faire partir (2). Un bataillon de l'Aveyron peut être seul mis en route et débarqué le 2 juin à Calvi, après une traversée de six jours.

Le 30 mai, les représentants du peuple Lacombe-Saint-Michel et Saliceti essaient, par mer, en y employant un détachement de 300 hommes conduits par Bonaparte, alors à Calvi, de rétablir dans la citadelle d'Ajaccio la petite garnison française qui en a été chassée par Colonna-Leca. Des ordres sont donnés pour appeler sur ce point un détachement du 95ᵉ (ancien régiment de Salis-Suisse) qui est réparti entre les places de Corte, de Sartène et de Vico (3).

---

(1) Arch. hist., cart. Corse, lettre de Saint-Martin datée de Bastia le 25 mai. (Pièces et doc., t. I, p. 342.)

(2) Arch. hist., cart. Corse, lettre du ministre de la guerre datée du 26 juillet. (Pièces et doc., t. II, p. 51.)

(3) Napoléon Bonaparte venait tout récemment de se brouiller avec Paoli. Au commencement de mai, le futur empereur était à Corte, chez les Arrighi, dont il était le parent, et il avait reçu le meilleur accueil du vieux patriote qui avait jeté les yeux sur lui pour l'accomplissement de ses projets. On raconte même que, dans un moment d'expansion, Paoli lui avait dit : « Va, mon fils, tu seras un homme de Plutarque! » Seulement, l'homme de Plutarque n'était pas disposé à se laisser conduire, et il en était résulté, chez Paoli, une violente colère, dont Bonaparte aurait eu fort à souffrir s'il n'avait pris la précaution de quitter brusquement Corte pour se réfugier chez un berger de Bocognano, d'où il parvint à gagner Calvi avec sa mère. A partir de ce moment, la famille Bonaparte n'eut pas de plus mortels ennemis que les Paoli;

« Malgré la menace des boulets rouges, dit Lacombe-Saint-Michel, nous passâmes sous le canon de la citadelle, nous mouillâmes et prîmes un point de débarquement, afin d'offrir au peu de troupes continentales que cette ville renfermait un point de ralliement. Nous espérions que les troupes imiteraient la conduite de la gabarre *la Lamproye*, qui coupa ses câbles et, malgré le feu de la place, vint nous joindre au mouillage la nuit du 31 mai au 1er juin. Le 1er, nous avons été attaqués, non seulement par les Corses, mais aussi par nos propres troupes, et quels qu'aient été nos efforts, nous n'avons réuni à nous que vingt-trois Suisses du ci-devant Salis-Grison et six soldats du 52e régiment. Nous avons employé alternativement les cris de ralliement et les coups de canon ; nous avons tué quelques Corses, et nous n'avons eu personne tué ni blessé. Cependant, environ cent cinquante hommes des nôtres ont mis en fuite plus de mille rebelles. Après avoir bivouaqué toute la nuit du 1er au 2 à la tour del Capitello après y avoir resté toute la journée du 2, n'ayant eu que bien peu de monde qui se soit réuni à nous, tandis que des nuées ont été contre nous, nous nous sommes embarqués paisiblement sous la protection du canon. Nous avons encore tué quelques Corses ; ils se sont cependant tenus bien cachés pendant le jour, mais, dès que nous eûmes quitté notre position, il en parut des nuées (1). »

Le 2 juin, Calvi est menacé par 2.000 rebelles, commandés par un neveu de Paoli, l'ex-député aux Etats généraux Leonetti, lieutenant-colonel de gendarmerie.

la flétrissure dont elle fut l'objet (ci-dessus, p. 75) ne fut que la première manifestation de cette inimitié.

(1) Arch., hist., cart. Corse, lettre de Lacombe-Saint-Michel datée de Calvi le 6 juin. (Pièces et doc., t. II, p. 4.)

Lacombe-Saint-Michel avait embarqué ses 300 hommes sur la frégate *la Perle* et le brick *le Léopard*.

« Ils s'étaient emparés, est-il dit dans le rapport de Lacombe-Saint-Michel, des hauteurs et de toutes les pierres à l'abri desquelles le Corse combat avec avantage. Le 2 au soir, on envoya au couvent des Capucins une compagnie d'infanterie légère ; elle fut entourée par plus de mille hommes ; elle se défendit avec beaucoup d'opiniâtreté. Enfin, hier matin, au point du jour, l'on a fait débarquer le premier bataillon de l'Avairon, qui était arrivé la veille. On les a attaqués sur trois colonnes ; l'une a été directement pour dégager les Capucins, la seconde a gagné les hauteurs, et la troisième a cherché à leur couper la retraite. Alors s'est engagé un combat opiniâtre, presque d'homme à homme et de pierre à pierre, qui a duré douze heures. Les rebelles ont éprouvé la déroute la plus complette ; deux pièces de canon à la rostingue les ont fort incommodés, et de plus encore l'artillerie de la frégate *la Prosélite,* qui a fait un feu d'enfer sur eux, qui a semé l'épouvante en leur envoyant des boulets à quatre et cinq cents toises dans la plaine.

» Les rebelles ont eu à peu près 40 hommes de tués, et un ou deux prisonniers qui seront jugés en vertu de la loi du 19 mars de l'année courrante ; nous n'avons eu que quatre blaissés ; de ce nombre est un officier municipal de Calvi, qui était avec une des colonnes. Nos troupes se sont battues avec un courage et une ardeur incalculables ; le bataillon de l'Avairon, qui voyait le feu pour la première fois, a montré une opiniâtreté d'une bonne augure ; le citoyen Aliez, leur commandant, a reçu une balle morte à la ceinture, dont il n'a pas été incommodé ; il a été obligé de mettre deux fois en joue des jeunes gens de ce bataillon, qui, ne consultant que leur courage, allaient imprudemment tomber dans les pièges des Corses. Le second bataillon des Bouches-du-Rhône, dont le lieutenant-colonel Sinetti ne s'est pas séparé un instant, les soldats et officiers du 26e régiment, les gardes nationaux volontaires, c'était à qui se jetterait avec plus de vivacité sur ces rebelles (1). »

Malgré tout, et quelque énergie que les représentants déploient, leur situation est extrêmement difficile. En Corse, l'esprit de clan a joué de tout temps un tel rôle, que Paoli se trouve soutenu par ceux-là mêmes qui devraient avoir pour mission d'éclairer le gouvernement sur ses menées ambitieuses.

Les représentants du peuple l'ont destitué, mais il est toujours tout-puissant. L'administration départementale, qui a dénoncé la conduite d'Arena et envoyé à Paris deux délégués pour témoigner du patriotisme de Paoli et de son propre attachement à la Révolution française, cherche à établir que Delcher et Lacombe-Saint-Michel ne sont que des instruments entre les mains habiles de Saliceti ; la société populaire de Bastia écrit à la Convention pour se porter garante du républicanisme éprouvé du gouverneur de la Corse, et la Convention, qui n'est au courant ni de la consulta du 26 mai, ni des événements qui l'ont précédée et qui l'ont suivie, rapporte, le 6 juin, son décret du 2 avril et décide que deux nouveaux commissaires seront envoyés dans l'île (2).

« La précipitation avec laquelle on avait rendu le décret contre Paoli avant d'entendre le rapport que nous étions chargés de faire, la facilité avec laquelle on le rapporta, nous détermina, dit Lacombe-Saint-Michel, à faire revenir à Paris une partie de la commission... Comme j'étais officier d'artillerie depuis trente ans, mes collègues crurent que, pendant leur absence, je pourrais être utile pour mettre la Corse en état de défense, et je restai (3). »

---

(1) Arch., hist., cart. Corse, lettre de Lacombe datée de Calvi le 4 juin. (Pièces et doc., t. II, p. 2.)

(2) Bô et Antiboul partent, en effet, mais ils tombent, à Aix, en pleine insurrection royaliste et sont arrêtés dans l'accomplissement de leur mandat.

(3) Arch., hist., cart. Corse, rapport de Lacombe-Saint-Michel daté de Paris le 29 prairial an II. (Pièces et doc., t. II, p. 242.)

Delcher et Saliceti quittent Saint-Florent le 21 juin, dès que le décret du 6 est connu en Corse ; ils arrivent à Paris vers la fin du mois. Sur leur rapport, la Convention, mieux éclairée, approuve la conduite de ses représentants, annule les actes de la consulta, déclare Paoli traître à la patrie, le met hors la loi, et décrète d'accusation Pozzo di Borgo, Colonna-Leca, ainsi que tous les membres de l'administration départementale et le maire d'Ajaccio, Guitera (17 juillet) (1).

A partir de ce moment, beaucoup de Corses imitent l'exemple de Casabianca, d'Arena et de Saliceti, qui, dès la première heure, ont pris parti contre Paoli. Le colonel Antonio Gentili, qui l'a suivi sur la terre d'exil et ne l'a pas quitté depuis vingt-cinq ans, est de ce nombre (2).

---

(1) Arch. hist., cart. Corse, décret de la Convention nationale. (Pièces et doc., t. II, p. 43.) Guitera, au commencement de l'année, était particulièrement hostile à Paoli. Ce fut lui qui dirigea le coup de main tenté le 24 avril sur la citadelle. (Archives de la Corse, F₄, L 80, carton n° 11.

(2) Renucci, dans son *Histoire de la Corse*, t. I, p. 389, donne une liste des principales familles corses qui restèrent fidèles à la patrie française et s'exposèrent par cela même à tous les mauvais traitements des partisans de Paoli.

III

Paoli écrit aux Anglais. — Mise en état de défense de Calvi. — Appréciations de Lacombe-Saint-Michel sur la situation politique de la Corse. — Première apparition des Anglais. — Ils sont repoussés dans leurs tentatives contre Saint-Florent. — Paoli proclame l'indépendance de la Corse.

Toulon avait été bloqué par les Anglais. Dès que Paoli connaît la présence de la flotte britannique dans les eaux méditerranéennes, il écrit au vice-amiral Hood, qui la commande, pour le prier de lui envoyer des secours (1). Lacombe-Saint-Michel ne possède cependant que de forces bien réduites. Saint-Florent est armé seulement contre un coup de main, et sa situation, aussi bien que les moyens dont on peut disposer, ne permettent pas de faire davantage. Il en est presque de même de Bastia. Mal armée contre la mer, dominée de toutes parts du côté de la terre, cette ville paraît hors d'état de soutenir un siège prolongé.

Calvi se prête mieux à la défense. Sa citadelle, inattaquable du côté de la mer, n'offre qu'un front restreint du côté de la terre, et Barberousse, qui l'a assiégée, n'a pas pu s'en emparer. Lacombe-Saint-Michel s'y retire, se met en mesure d'en augmenter les fortifications et l'armement, et, en moins de trois semaines, 47 pièces de canon sont mises en batterie (2).

---

(1) Plusieurs lettres de Paoli, envoyées à l'amiral anglais par un petit bateau que le mauvais temps poussa à Nice, furent interceptées par Dumerbion. (Arch. hist., cart. Corse, lettres non datées de Saliceti. Pièces et doc., t. II, p. 61.)

(2) Les frégates *la Perle* et *le Prosélyte* retournent en France et sont remplacées d'abord par la *Mignonne*, puis par la *Melpomène*, la *Minerve*, la *Fortunée* et la *Flèche*, échappées de Tunis au capitaine de vaisseau Varne, commandant du *Duquesne*, qui avait formé le projet de les livrer aux Anglais. Elles arrivèrent à Bastia le 30 octobre. (Arch.

Une épidémie atteint la garnison et fait de tels ravages que l'hôpital se trouve bien vite encombré par plus de 600 malades, qui sont, pour la plupart, couchés sur la terre, la majeure partie des effets de literie ayant été volés par les gardes nationaux du lieutenant-colonel Murati (1). On ne dispose, à un moment donné, que de 2 canonniers pour faire le service de l'artillerie ; Lacombe-Saint-Michel fait compléter les pièces par 210 fantassins, qu'il exerce lui-même, depuis 5 heures du matin jusqu'à 8 heures du soir, en consacrant deux heures à chaque batterie (2).

Au commencement de juin, en même temps qu'il a rétabli Paoli dans ses fonctions, le ministre de la guerre Bouchotte a destitué Casabianca. Le représentant Lacombe-St-Michel a rapporté cet arrêté et décidé, le 24 juillet (3), que le général Casabianca continuerait à être employé à Calvi, sous les ordres du général Saint-Martin ; mais le 10 septembre, et afin d'apaiser les esprits, il demande qu'on l'envoie sur le continent.

« C'est un homme de bien, dit-il en parlant de lui, et sans exception le plus honnête homme que je connaisse en Corse ; il est brave : il en a donné des preuves signalées à l'armée du Nord et à l'armée des Alpes, mais il est homme, il est né en Corse, et je persiste auprès de vous pour demander une commission nouvelle qui l'emploie dans une des armées du continent.

» La Corse, quoique faisant partie de la France, ne lui ressemble, ajoute-t-il, en aucune manière. Qu'on se figure une contrée où l'esprit public est inconnu ; dont les habi-

hist., cart. Corse, lettre de Lacombe datée de Farinole le 16 novembre. Pièces et doc., t. II, p. 96.)

(1) Arch. hist., cart. Corse. Lettre de Lacombe-Saint-Michel datée de Calvi le 6 juin. (Pièces et doc., t. II, p. 4.)

(2) Arch. hist., cart. Corse, lettre de Lacombe datée de Calvi le 10 août. (Pièces et doc., t. II, p. 55.)

(3) Arch. hist., cart. Corse. Lettre de Lacombe datée de Calvi le 24 juillet. (Pièces et doc., t. II, p. 49.)

tants sont partagés en une foule de petits partis ennemis les uns des autres; dont les chefs ont tous le même but, celui de se procurer de l'argent, quels que soient les moyens; dont la première attention est de s'environner de créatures entièrement à leur disposition et de leur donner exclusivement toutes les places; ces chefs encensent et trompent tour à tour le peuple pour mieux le conduire; celui-ci ne conçoit pas l'idée abstraite d'un principe, il faut qu'il l'applique à l'idée d'un être existant, et alors il l'idolâtre sans faire usage de sa raison; il se dit par exemple: Paoli a soutenu la liberté, et dès cet instant il confond Paoli avec la liberté, soit qu'il la combate ou la deffende.

» On n'est pas Corse sans être d'une famille et par conséquent attaché à un parti. Celui qui n'en voudrait servir aucun serait détesté de tous, encore si l'on ne lui fesait pas un plus mauvais parti; ou celui-là n'aurait aucune influence dans aucun et serait suspect à tous.

» Depuis six mois que j'habite cette isle, j'ai éprouvé tant de contradictions que j'ay vu toutes leurs passions se développer et je suis convaincu qu'il n'est presque pas possible à un Corse d'être juste dans son païs, ni comme administrateur, ni comme juge, ni comme militaire. Le voulût-il, il ne le peut pas (1). »

Si elle parvint au ministère — car la plupart des courriers de la Corse étaient décachetés et retenus à Aix, lorsqu'ils ne tombaient pas entre les mains des croisières anglaises — la lettre de Lacombe-Saint-Michel resta sans effet. Le général Casabianca continua à être employé à

---

(1) Arch. hist., carton Corse, lettre de Lacombe, datée de Calvi. (Pièces et doc., t. II, p. 61.) J'ai à peine besoin de dire qu'en rapportant ces appréciations, je n'entends, en aucune façon, les prendre pour mon compte. La Corse d'aujourd'hui n'est plus, d'ailleurs, ce qu'elle était il y a cent ans, et Lacombe-Saint-Michel, aigri contre les paolistes, ne songeait guère à être bienveillant.

Calvi, où sa femme et ses filles se dévouaient pour le service des malades (1).

Sur ces entrefaites, on apprend à Calvi que les Anglais se sont emparés de Toulon, et cette triste nouvelle est confirmée presque aussitôt par l'arrivée des vaisseaux britanniques.

« Le 13 septembre, dit un témoin oculaire, on apprit à Calvi la reddition de la ville de Toulon par l'effet d'une lâche trahison. Cette nouvelle a été reçue avec calme par la garnison et les citoyens de cette ville, auxquels on l'annonça dans l'assemblée du club; puis, par un mouvement spontané, l'on a entendu ce cri de rage : « Vengeance ou la mort! » L'équipage de la frégate *la Mignonne* a député son commandant, le capitaine Liaudant, vers le représentant du peuple Lacombe-S.-Michel; il lui a fait dire que, repoussant avec horreur le crime de ses compatriotes (2), il voulait le réparer autant qu'il était en lui, et qu'il offrait les pièces de canon qui sont sur son bord et les hommes pour le service, afin de renforcer la défense du point important de Calvi. Le représentant du peuple a embrassé le capitaine et lui a dit : « J'accepte la proposition de vos braves gens; nous mourrons ensemble. »

» Le 14, on a signalé plusieurs vaisseaux et plusieurs frégates anglaises. Le 15, toute la garnison et l'équipage de la frégate étaient occupés à l'armement extraordinaire de la place, lorsque s'est présenté le canot parlementaire d'une frégate anglaise. Le représentant du peuple, qui était occupé de l'armement de la place, s'est porté au bastion Colombrini; il était entouré d'une partie de la garnison et des citoyens de cette ville. Il a ordonné au capitaine Georges Rossi de sortir pour empêcher le canot parlemen-

---

(1) Arch. hist., cart. Corse, lettre de Lacombe datée de Calvi le 10 août. (Pièces et doc., t. II, p. 56.)

(2) Le capitaine Liaudant était de Toulon.

taire de venir porter le venin jusque dans le port. Il a hélé le parlementaire en lui disant de débarquer sur les rochers à la pointe de Colombrini.

» Deux officiers portant l'uniforme bleu, revers blancs et chapeau brodé d'or, sont débarqués sur ce rocher, accompagnés d'un interprète. Lorsqu'ils ont été au pied du rempart, le représentant du peuple, placé sur le parapet de la batterie, leur a demandé : « Que voulez-vous ? — L'interprète lui a répondu : Nous voulons remettre une lettre à M. le gouverneur. Le représentant du peuple lui a dit : La République française ne reconnaît plus de gouverneurs ; elle n'a dans ses places que des commandants militaires. Il y a, de plus, ici, un représentant du peuple qui a l'autorité supérieure. Qui êtes-vous ? — L'interprète a répondu : Nous sommes des officiers anglais. — Lacombe-S.-Michel leur a dit : L'article 121 de la Constitution française défend de traiter avec les ennemis tant qu'ils occupent le territoire de la République ; les Anglais sont entrés par l'effet de la plus noire trahison à Toulon ; je refuse de recevoir votre lettre, retirez-vous, et mes braves camarades qui m'entourent sont résolus de vaincre ou de mourir. — A ces mots est parti un cri universel : « La République ou la mort ! »

» L'interprète et les officiers ont salué, et, comme ils allaient se retirer, Lacombe-S.-Michel leur a dit à haute voix : Vous venez, Messieurs, d'entendre notre vœu unanime ; allez en rendre compte à votre maître. Anglais ! vous que la philosophie aimait à mettre au rang des amis de l'humanité, vous venez de vous déshonorer par une lâche trahison. Pourquoi ne nous avez-vous pas combattus face à face ? Nous vous aurions au moins conservé notre estime. Je vous déclare que la République française ne compte plus sur la bonne foi des rois. Quand vous serez dignes de la république universelle, venez à nous, et nous vous embrasserons en frères. Jusque-là, nos courriers respectifs seront des boulets et des bombes. Vous pouvez vous retirer; nous savons respecter le droit des gens, même avec ceux qui l'oublient (1). »

Le même jour, presque à la même heure, les villes de Bastia et de Saint-Florent sont aussi sommées de se rendre.

A Bastia, le général Saint-Martin réunit l'administration provisoire du département et envoie une compagnie de grenadiers du 61ᵉ, aux ordres d'un adjudant général, pour empêcher toute communication avec les Anglais, dont la chaloupe est restée près du môle. Les corps constitués et la garnison prennent connaissance d'une lettre du commodore Robert Linzée, qui commande une division de la flotte britannique, et d'une proclamation qui est adressée à l'armée (2), et le général Saint-Martin, au nom de tous, fait la réponse suivante :

« Monsieur, j'ai reçu la proposition corruptrice que vous m'avez adressée avec un paquet contenant une proclamation du même genre. Je l'ai ouverte et lue devant les corps administratifs, la municipalité et la garnison. Un mouvement d'indignation a saisi à la fois tous les esprits lorsqu'ils ont entendu la proposition d'imiter la trahison à jamais horrible et détestable de la ville de Toulon. Les citoyens et les soldats, tous se sont écriés avec transport : Vive la République! et ensevelissons-nous mille fois sous les ruines de la ville plutôt que de trahir la cause de la souveraineté du peuple, celle de la liberté et de l'égalité, et enfin de la République française une et indivisible!

---

(1) Arch. hist., cart. Corse, récit de ce qui s'est passé à Calvi le 15 septembre. (Pièces et doc., t. II, p. 79.)

(2) Cette proclamation, imprimée, datée de Toulon le 4 septembre, était signée du vice-amiral Hood, commandant en chef de l'escadre anglaise, et du vice-amiral de Langara, commandant en chef de l'escadre espagnole. Elle promettait une amnistie pleine et entière aux troupes « qui abandonneraient le drapeau de l'anarchie et viendraient se réunir à tous les Français fidèles pour soutenir la cause et les droits de Louis XVII ».

» Quant à moi, uni de cœur et d'âme à mes braves frères d'armes, je leur donnerai l'exemple de périr plutôt que de souffrir qu'il soit porté la moindre atteinte à l'intégrité de la République (1). »

A Saint-Florent, le général Gentili ne reçoit pas le parlementaire, et les Anglais, dont les avances sont ainsi repoussées de tous les côtés, prennent le parti de s'emparer par la force de ce que la ruse n'a pu leur livrer.

Le 18 septembre, une frégate anglaise apparaît, vers midi, devant la tour Mortella, dont la garnison, seulement composée de 6 hommes du 16e bataillon d'infanterie légère corse, disparaît au second coup de canon et se disperse dans les montagnes (2).

Le 20, cette frégate, renforcée par deux autres et par un vaisseau de ligne, ouvre le feu contre la tour de Fornali, où le général Gentili a eu la sage précaution de placer un fort détachement du 61e. De nombreux paysans, conduits par Leonetti, s'avancent vers une hauteur qui domine la tour et cherchent à donner la main à une centaine d'Anglais qui ont débarqué sous la protection de la tour Mortella. Le général Gentili se porte contre eux avec une cinquantaine d'hommes du 61e et conduit l'attaque avec une telle vigueur, que les Anglais et les paolistes sont repoussés de toutes leurs positions et de la tour Mortella avec des pertes très sérieuses. La hauteur est immédiatement occupée par le 61e, qui y établit un retranchement.

Informé de ces événements, le général Saint-Martin fait renforcer la garnison de Saint-Florent par des détachements tirés de Bastia, et la met en mesure de résister plus

---

(1) Arch. hist., cart. Corse, extrait des procès-verbaux de l'administration provisoire du département de la Corse. (Pièces et doc., t. II, p. 68.)

(2) Arch. hist., cart. Corse, lettre de Saint-Martin datée de Bastia le 21 septembre. (Pièces et doc., t. II, p. 70.)

efficacement aux tentatives des anglo-paolistes. La garnison du col de Teghime, qui tient la route de Saint-Florent à Bastia, reçoit de même quelques renforts, et en particulier une pièce de 4, qui est postée pour battre la route.

Le 22, la flottille anglaise continue à canonner la tour de Fornali. La garnison de Saint-Florent fait une nouvelle sortie, au cours de laquelle le général Gentili a le talon percé par une balle. Le lendemain, les vaisseaux anglais interrompent leur feu, mais le reprennent dans la soirée, et, devant l'inutilité de leurs efforts, vont s'embosser sous la tour Mortella (1).

Paoli, qui a quitté Corte et s'est établi à Murato, d'où il dirige les opérations de ses partisans, fait attaquer en même temps les villages de Patrimonio et de Barbaggio, gardés par le 16e bataillon d'infanterie légère corse. Quelques rebelles parviennent à s'emparer des premières maisons de Patrimonio, grâce à la connivence des habitants, mais ne tardent pas à en être expulsés, autant par le bataillon corse, que par une compagnie de grenadiers accourue de Saint-Florent.

Désespérant, pour cette fois, d'intercepter la communication de Bastia à Saint-Florent, Paoli retourne à Corte, où se tient d'ailleurs une nouvelle consulta. Le 22 septembre, il y proclame l'indépendance de la Corse, dont il offre la souveraineté au roi d'Angleterre, Georges III.

On a vu plus haut qu'une épidémie sévit sur la garnison de Calvi ; le 18 septembre, Lacombe-S.-Michel, qui n'a pas encore été prévenu de l'arrivée des Anglais devant Saint-Florent, évacue sur Bastia une barque de malades comprenant un officier du 61e, un médecin, un commissaire des guerres, beau-frère de Saliceti, un gendarme, un

---

(1) Arch. hist., cart. Corse, lettre de Saint-Martin datée de Bastia le 24 septembre. (Pièces et doc., t. II, p. 72.) Lettre de Lacombe datée de Calvi le 3 octobre. (Pièces et doc., t. II, p. 86.)

grenadier du 26ᵉ et plusieurs soldats. Cette barque est prise par les Anglais, et les divers malades qu'elle contient sont liés et garottés et envoyés à Corte, où ils sont enfermés dans la citadelle.

Jusqu'au 30 septembre, les Anglais renouvellent sans plus de succès leurs attaques contre la tour de Fornali et le retranchement voisin, que défend le 61ᵉ. Un certain nombre d'hommes sont blessés de part et d'autre. Le 1ᵉʳ octobre, avant le jour, les vaisseaux anglais profitent de l'obscurité pour se rapprocher de la tour de Fornali, et à 4 heures du matin tirent avec ardeur. Les batteries de Fornali et de Saint-Florent ripostent par des boulets rouges qui mettent, à plusieurs reprises, le feu aux vaisseaux. « Sans l'activité de leurs pompes, dit Lacombe-Saint-Michel, ils auraient donné le spectacle d'un superbe incendie (1). »

A 9 heures du matin, les vaisseaux anglais coupent leurs câbles et renoncent au combat pour retourner se placer sous le canon de la tour Mortella. Ils emploient deux jours à réparer leurs avaries, rembarquent la garnison de la tour, et reprennent la haute mer en laissant le golfe couvert de cordages, de débris de voiles, de matelas et d'autres objets.

En rendant compte du combat, le général Saint-Martin écrit au ministre de la guerre :

« Les rebelles, qui ont attaqué en même temps le camp de Fornali, ont été vigoureusement repoussés par un détachement du 61ᵉ. Le feu de l'ennemi ne nous a fait aucun mal. Nos batteries ont néanmoins souffert et nous avons éprouvé quelques accidents. Deux pièces de canon ont crevé à la batterie de la ville. La première a tué un soldat; la seconde a brisé un faisceau d'armes. Un autre canon-

---

(1) Arch. hist., cart. Corse, lettre de Lacombe datée de Calvi le 3 octobre. (Pièces et doc., t. II, p. 87.)

nier a eu la jambe cassée en amorçant une pièce chargée
à boulet rouge.

» Un canonnier a été tué à Fornali en amorçant pour la
seconde fois. Un autre a été légèrement blessé. Un canonnier et huit ou dix soldats ont eu quelques parties attein-
tes de brûlures par des gargousses qui ont pris feu et que
l'on avait imprudemment laissées près de la pièce.

» Le commandant Gentili, blessé dans une précédente
affaire et travaillé par la fièvre, n'a pas quitté la batterie. Son sang-froid et son intrépidité sont au-dessus de
tout éloge.

» Le citoyen Villantroy, capitaine d'artillerie, aussi
attaqué d'une fièvre tierce, a donné les preuves les plus
signalées de son courage et de son activité. Les citoyens
Delmas et Charvin, ses collègues, ne se sont pas moins
distingués.

» Les citoyens Franceschi, adjudant de la place, et Graziani, adjudant-major du 16e bataillon d'infanterie légère,
se sont comportés d'une manière digne d'éloges.

» Le canonnier blessé à la batterie, le brave Clément, a
donné dans ce moment des preuves du plus ardent
civisme. Lorsque ses camarades ont volé à son secours :
« Ce n'est rien, mes frères, a-t-il dit, c'est pour ma patrie (1). »

Le 1er octobre également, un parti anglais débarque,
vers midi, dans le voisinage de la marine de Farinole, et,
avec l'aide des paolistes, se porte à l'attaque de ce point,
défendu par une faible garnison des 26e et 64e. Le combat
est arrêté par un violent orage, et les Anglais se rembarquent en laissant quatre canons, que leurs alliés se font
prendre pendant la nuit.

Les ports de Bastia et de Calvi ont quelques corsaires

(1) Arch. hist., cart. Corse, lettre datée de Bastia le 2 octobre. (Pièces
et doc., t. II, p. 85.)

qui font à l'ennemi beaucoup de mal et sont, à l'occasion, pleins de courage. L'un d'eux, le capitaine Oletta, commandant la felouque *la Vigilante*, rentre à Bastia, le 30 septembre; avec une prise, lorsqu'il est poursuivi, à hauteur du cap Corse, par une frégate anglaise, qui l'oblige à se retirer dans les eaux de Sainte-Marie-de-la-Chapelle. Oletta débarque deux canons de 4, les place sous la tour devant laquelle s'est embossée la frégate, et soutient le feu pendant quatre heures, sans vouloir se rendre. Il est tué en redressant son pavillon, qu'un boulet a fait tomber, et ses quelques marins sont faits prisonniers (1).

---

(1) La felouque *la Vigilante* avait participé, sous les ordres d'Oletta, à l'expédition dirigée contre l'île de la Maddalena. (Voy. ci-dessus, p. 51.)

IV

La garnison de Bastia est réduite par la maladie. — Plaintes
du général Saint-Martin.

S'il y a à Calvi beaucoup de malades, le nombre de ceux de Bastia n'est pas moins grand. A la date du 16 septembre, le général Saint-Martin fait connaître que 800 hommes, plus de la moitié de sa troupe, sont à l'hôpital et que le reste est couché sur de la paille (1). Le 24, il écrit au général Dumerbion, alors à la tête de l'armée d'Italie, pour lui demander des secours et l'informer qu'il n'a plus que 500 hommes en état de porter les armes. Il lui réclame aussi des fonds, des effets d'habillement et des vivres, dont on n'est approvisionné que jusqu'au 15 novembre, et il ajoute qu'en cas de refus il demandera son remplacement, « parce que, dit-il, je n'ai pas le don des miracles (2) ». A ces difficultés de commandement s'en ajoutent d'autres qui ne sont pas de moindre importance.

A Calvi, les marins d'une frégate, la *Melpomène*, cédant aux sollicitations de quelques factieux, demandent à rentrer en France. « Il fallut toute ma fermeté pour les contenir, dit Lacombe-Saint-Michel, et, peut-être, de l'adresse pour tourner ce mouvement de mutinerie à l'avantage de la République, en faisant désarmer de leur propre volonté la frégate pour augmenter les feux de la place et pour les engager à les servir eux-mêmes ; ils s'en acquittèrent parfaitement.

(1) Arch. hist., cart. Corse, lettre datée de Bastia. (Pièces et doc., t. II. p. 69.)

(2) Arch. hist., cart. Corse, lettre datée de Bastia. (Pièces et doc., t. II, p, 72.)

» Malgré les difficultés et les oppositions, ajoute-t-il, j'établis la loi du maximum, et comme j'avais annoncé que je casserais la tête au premier qui parlerait de se rendre, les paolistes qui se sont trouvés à Calvi n'ont pas osé se montrer.

» Ce fut dans ces circonstances que les Anglais attaquèrent Saint-Florent et furent repoussés. Comme nous étions bloqués par terre et par mer, nous ne le sûmes qu'à la fin, et il me fut impossible d'aller à son secours. Ce fut alors que les contre-révolutionnaires de Bastia, qui correspondaient avec Toulon et le département rebelle de la Corse, se montrèrent ouvertement ; ils s'emparèrent de la société populaire ; sentant bien qu'ils ne pouvaient attaquer la République directement, ils cherchèrent à le faire indirectement en m'attaquant, en cherchant à éloigner la confiance du soldat du seul point de réunion que la République eût en Corse. Je fus taxé de fripon, de lâche ; ce fut à qui en dirait le plus à la tribune. On me fit un crime de ce qu'il n'y avait pas en Corse trois fois plus de canons qu'il n'en fallait pour la défendre ; il n'y eut pas un orateur qui ne prétendît en savoir plus, sur la défense des places, que Vauban lui-même.

» La société de Bastia envoya une députation chargée de visiter la caisse militaire. Je me flatte d'avoir, en montrant ma loyauté, tenu la conduite ferme qui appartient à un représentant du peuple ; il a été rendu à ce sujet un décret en ma faveur (1). »

Lacombe-Saint-Michel fait face à tout et donne, en toutes choses, la mesure de son énergie (2).

« Il paraît, écrit-il au président de la Convention, que

(1) Arch. hist., cart. Corse, rapport de Lacombe daté de Paris le 29 prairial an II. (Pièces et doc., t. II, p. 244.)

(2) On ne s'explique pas que Renucci ait pu dépeindre Lacombe-Saint-Michel comme un peureux et un incapable.

quelques meneurs trament à Bastia la même manœuvre qu'à Toulon. Une partie des hommes qui conduisent le club sont des Français de l'administration de la guerre nommés par les ministres contre-révolutionnaires qui se sont succédé, ou des agents de l'ancien régime qui le regrettent et qui craignent mes yeux clairvoyants. J'appelle la plus grande sévérité sur ma conduite; si je suis coupable, il faut que ma tête tombe; si mes calomniateurs, dont aucun n'a osé signer sa dénonciation, ont voulu perdre la chose publique, ils doivent le payer de leur tête; s'ils n'ont voulu que ma perte particulière, je les condamne à devenir meilleurs que moi (1). »

Le 6 octobre, le général Saint-Martin, qui a manqué de vigueur en différentes circonstances, est renvoyé en France, et remplacé provisoirement par le général Casabianca, à la tête de la 23e division militaire. Le colonel Catelan est chargé, à partir de ce moment, de la défense de Bastia (2).

Comme le général Saint-Martin, Lacombe-Saint-Michel se plaint, à chaque instant, d'être abandonné en Corse par le comité de Salut public.

« L'on me laisse sans fonds, sans vivres et sans aucune ressource, dit-il dans une de ses lettres, dans un païs où il

---

(1) Arch. hist., cart. Corse, lettre datée de Calvi le 9 octobre. (Pièces et doc., t. II, p. 89.) Le 27 octobre, Lacombe-Saint-Michel écrit au Ministre : « J'ai l'honneur de vous rendre compte que j'ai fait dellivrer deux cartouches aux nommés Aorff et Bachelet, soldats au 26e régiment. Ces hommes, renvoyés de Sardaigne comme prisonniers, tandis qu'on n'a pu prendre que des hommes ayant dezerté, puisqu'on ne s'y est pas battu, et que les prisonniers faits à Saint-Pierre ont été conduits à Barcelone, ces hommes, dis-je, sont venus tenir ici des propos séditieux. » (Arch. hist., cart. Corse, lettre datée de Calvi. Pièces et doc., t. II, p. 91.)

(2) Arch. hist., cart. Corse, lettre de Lacombe datée de Calvi le 27 octobre. (Pièces et doc., t. II, p. 91.) Le général Saint-Martin s'embarqua vers le 10 octobre et fut remplacé, le 15 novembre, par le général Laborde, qui ne parut jamais en Corse. (Lettre du Ministre de la guerre datée de Paris le 15 novembre.) (Pièces et doc., t. II, p. 95.)

n'existe aucune vertu, où l'immoralité la plus profonde a gagné le cœur de la plus grande quantité des habitants des présides. Ici, il existe une foule de partis divisés entre eux, mais se réunissant sur un seul point, celui de pressurer la France par tous les moyens possibles. Ne croyez pas que l'humeur me fasse parler, je vais vous citer des faits incontestables. A Bastia, où il y a 7 à 800 mille livres d'argent comptant sur la place, on ne peut pas trouver 40 mille livres pour le prêt de la troupe. On n'y veut pas mettre à exécution la loi sur les accapareurs, on y donne publiquement 9, 10 sous, d'un assignat de 5 livres. Icy, j'ai fait mettre à exécution la loy contre les accapareurs ; on s'est soumis, parce qu'on sait que je ne badine pas et que je fais respecter la loy. Qu'est-il arrivé ? c'est qu'en huit jours on a expolié toutes les boutiques, il n'y reste plus rien. J'ai voulu parer à cet inconvénient en faisant tenir registre aux marchands ; mais les vendeurs, les acheteurs, la municipalité, tout s'est entendu. Que voulez-vous attendre de la société composée d'hommes aussi corrompus ? Si je n'étais pas resté ici, je ne doute nullement que la place n'eût été emportée de surprise ou autrement ; mais ils savent que je ferais sauter la tête au premier traître, et ma résolution leur en a imposé.

» Je tiendrai ici tant que je pourray ; mais nous sommes perdus si vous nous laissez sans argent et sans vivres. Faites part de ma lettre, je vous prie, au comité de Salut public. Je ne m'attendais pas qu'on m'envoyât ici pour me sacrifier ; tout le monde s'adresse à moy. Je suis ici le bouc d'Israël (1). »

La tactique de Paoli est de chercher à affamer les trois places de Calvi, de Saint-Florent et de Bastia, qui sont restées fidèles à la France.

---

(1) Arch. hist., cart. Corse, lettre de Lacombe datée de Calvi le 27 octobre. (Pièces et doc., t. II, p. 92.)

Un parti rebelle, établi à Biguglia, tient la route et s'oppose par des voies de fait à ce que des comestibles et des bestiaux soient dirigés sur Bastia. Le colonel Catelan, cédant aux sollicitations des corps administratifs et de la municipalité, part de Bastia le 27 octobre, à 3 heures du matin, à la tête de 5 canons, de 500 hommes de l'armée régulière, du 1er bataillon des volontaires nationaux, des quatre compagnies franches levées dans la ville et de la gendarmerie, et commence, au point du jour, une attaque très vive du village, qui est emporté d'assaut après un court combat, à l'exception d'une tour et d'une maison voisine.

« L'impossibilité de faire monter l'artillerie ne laissait d'autre parti, dit Catelan, que d'emporter d'un coup de main la tour et la maison. Mais les Corses, qui avaient l'avantage de combattre à couvert, fesaient pleuvoir une grêle de coups sur nos soldats. Trois officiers du 1er bataillon des volontaires nationaux furent tués, douze soldats blessés et douze tués des différents corps. Les communes voisines, ayant formé des rassemblements, marchaient sur les hauteurs et auraient pu nous accabler par le nombre, ce qui me détermina à faire battre en retraite.

» Les rebelles, de leur côté, ont perdu beaucoup de monde et souffert dans leurs maisons. On leur a enlevé des bestiaux et fait cinq prisonniers. Plusieurs des nôtres sont aussi tombés en leur pouvoir. Ils ont proposé de les échanger ; mais, pensant qu'il n'était pas de l'honneur des républicains de traiter avec des rebelles de puissance à puissance, j'ai rejeté cette proposition (1).

(1) Arch. hist., cart. Corse, lettre de Catelan datée de Bastia le 29 octobre. (Pièces et doc., t. II, p. 91.)

Cette expédition, « qui ne menait à rien », aurait été manquée, d'après Lacombe-Saint-Michel, « par l'insubordination de quelques soldats qui allaient à Biguglia plus pour piller que pour se battre. Des conseils timides ayant engagé le colonel Catelan à faire battre la retraite, ce fut une déroute complète : chacun s'en fut de son côté ». (Arch. hist., cart. Corse, rapport de Lacombe-Saint-Michel. (Pièces et docum., t. II, p. 245.)

V

L'échec de Biguglia a pour effet d'augmenter à Bastia le
nombre des mécontents et de ranimer les espérances des
paolistes. Lacombe-Saint-Michel quitte Calvi, dont il remet
le commandement au général Casabianca, et se rend à
Bastia « dans l'intention, comme il le dit lui-même, de
vaincre ou de se faire tuer (1) ».

A différentes reprises, Lacombe-Saint-Michel a demandé
au général Saint-Martin de se porter sur le village de Farinole et sur quelques autres localités du Cap-Corse qui ont
profité de la présence des Anglais devant Saint-Florent
pour se mettre en pleine révolte. Le général Saint-Martin,
par excès de prudence, n'ayant pas voulu se charger de
cette opération, le représentant l'exécute lui-même.

« Dans la nuit du 5e jour de la présente décade (15 novembre), je suis parti, dit-il, de Saint-Florent avec 400
hommes pour attaquer le couvent ou plutôt la forteresse
de Farinole. Le général Gentili s'embarqua cette même
nuit avec 200 hommes pour attaquer le village de Farinole,
appelé Bracolacci (2), et qui est le plus près du village de
Nonza. Et pour couper la communication aux secours qui

---

(1) Arch. hist., cart. Corse, rapport de Lacombe. (Pièces et doc., t. II,
p. 245.)

(2) Braccolaccia.

pourraient venir du côté du Cap-Corse, je fis partir de Bastia une troisième colonne, qui devait être de 300 hommes avec une pièce de canon dite à la Rostaing aux ordres du lieutenant-colonel Arrighi, qui devait prendre par le haut de la montagne le village de Farinole le plus élevé. Enfin une quatrième colonne d'environ 150 hommes, commandée par le lieutenant-colonel Collé, passa le long de la mer pour faire une fausse attaque sur le couvent. Ce poste était deffendu par 80 tireurs corses, hommes de choix, commandés par les trois meilleurs capitaines de Paoli, qui sont Buttafoco, Zannettini et Orsini Tavera; il était environné d'une double enceinte, crénelé, et avait deux pièces de canon. De la rédition du poste du couvent dépendait celle des trois villages composants la piève de Farinole, et je dirai même celle de la rédition de la province du Cap-Corse.

» Malgré les montagnes presque inaccessibles qui séparent Farinole de S. Florent, je fis transporter à bras deux pièces de 4 de campagne montées sur des affûts à traîneaux; je les plaçai sur une crête de montagne sans épaulement et à la portée du fusil. Je fis occuper toutes les hauteurs qui environnent le couvent par des fusiliers, des gendarmes et des grenadiers; je les avais placés derrière des murailles pour tirer sur les fenêtres du couvent. Alors commença de part et d'autre un feu roulant et meurtrier, qui dura depuis le lever du soleil jusqu'à la nuit.

» J'avais placé un camp de 150 hommes et deux pièces de campagne pour couper la communication aux secours qui pourraient arriver de la province du Nebbio, autrement dit du district d'Oletta.

» Quelle qu'ait été ma vigilance pour les dispositions que j'avais faites, je fus contrarié par les événements. La colonne du général Gentili, à la première décharge, vit son chef mis hors de combat par deux coups de feux, de sorte que le commandement ayant passé à un jeune officier en garnison à bord de la frégate *la Minerve,* le plan que nous avions concerté avec le général ne put être exécuté que très imparfaitement. La colonne venue de Bastia aux ordres du lieutenant-colonel Arrighi, qui devait être de 300 hommes, éprouva la deffection la plus honteuse de la part de 200 hommes venus des compagnies franches de Bastia et de la composition du général S.-Martin; elles abandonnèrent leur canon, de sorte qu'au moment de l'attaque le lieutenant-colonel Arrighi n'avait avec lui que 50 hommes du bataillon d'infanterie légère, une vingtaine d'hommes de Bastia aux ordres du capitaine Grive, et 15 canonniers commandés par le sergent-major Charles, homme d'un grand sanfrois et très intelligeant. Dans le cours de la journée, un tambour, sans avoir mon ordre, ayant par erreur battu la charge, les compagnies des grenadiers du 61e et 26e régiments et la gendarmerie nationale sortirent de leurs retranchements comme des Lyons; ils attaquèrent à la bayonnette le couvent, enfoncèrent la porte de l'église avec le fusil. L'attaque étant prématurée se trouva sans succès. Déjà les assiégés criaient l'*ittoria.* Il est certain que l'affaire était manquée si j'avais marqué le moindre découragement. Je voyais une partie des soldats rebutés. Je changeais de place une pièce de canon, je l'approchais du couvent à demie portée de fusil, puis au milieu des soldats qui se reposaient, j'encourageais les uns, j'animais les autres, je les rendis tous supérieurs aux événements, je leur annonçais qu'à la seconde attaque, je chargerais moi-même à la tête de la colonne. Je me fis apporter des raffraîchissements, je couchais au bivac au milieu d'eux, je donnais pour mot d'ordre *Percévérence;* pendant la nuit je plaçais des batteries à l'apportée du pistolet, bien résolu à la pointe du jour de leur livrer un second asséaut, mais à la faveur de l'obscurité les soldats de Paoli s'enfuirent à travers les précipices, de sorte que le sixième jour de la décade courante nous avons pris le couvent et les deux pièces de canon qui le deffendait; à midi tous les villages furent pris.

» Le 6e jour de la décade courante (16 novembre), Paoli ordonna une marche pour venir secourir Farinole. Quoiqu'au couvent de Murato, à trois lieues du poste où nous étions, il n'a pas eu le courage de la commander. Quatre à cinq cents paysans se sont présentés, mais la garnison de Patrimonio et le petit camp que j'avais établi à la chapelle de S. Bernardino avec deux pièces de 4 leur fit prendre la fuite de la manière la plus honteuse.

» Voilà, citoyens, ce que j'ai fait. J'ai crû devoir répondre de cette manière à la mauvaise volontée qu'à mis en usage le général S.-Martin. Lorsque je lui ai ordonné plusieurs fois de châtier des rebelles, je ne lui proposais donc pas une chose impossible, puisque je l'ai exécutée moi-même et avec les mêmes moyens qu'il avait. Je vais actuellement vous en dire les conséquences.

» Notre victoire a jetté l'abattement dans le Cap-Corse, la terreur nous précède : j'espère dans huit jours avoir soumis et désarmé le district de Bastia. La Terreur est si forte, vu la preuve de faiblesse qu'a donnée Paoli à ne pouvoir les secourir, que si j'avais trois mille hommes de troupes continentales de plus, dans six semaines j'aurais soumis toute la Corse; mais sans moyens, avec peu de vivres et point d'argent, je suis obligé d'être d'une circonspection excessive, car un revers aurait les plus funestes conséquences.

» J'ai nommé une commission militaire qui a condamné à mort Orsoni Tavera, l'un des chefs que nous avons pris blessé; 32 blessés ont été conduits à bord des frégates. Déjà les communautés environnantes m'ont envoyé des autages et des officiers municipaux pour implorer la clémence de la Convention nationale. Hier j'établit mon quartier général à Nonza; aujourd'hui je suis à Canneri. J'ai envoyé des détachements à Pino, Centuri, Barrettali; demain je vais établir le quartier général à Luri, après demain à Rogliano, où vraisemblablement sera ma dernière expédition. La communauté de Tomino est la seule qui paraisse vouloir résister. Si elle résiste, je la prends, je la livre au pillage, et l'exemple de Farinole est une terrible leçon.

» Je me sert des grands mots de *Quartier général, d'Armée;* tout cela doit être vu à mignature, car à peine ai-je 500 hommes de trouppes réglées, mais l'entreprise n'en est que plus hardie (1). »

Les pertes subies par les Français pendant les deux journées des 15 et 16 novembre sont de 8 tués et de 25 blessés. Parmi ces derniers se trouve le lieutenant Delorme, du 91e, qui sert à bord de la *Melpomène.* Lacombe-Saint-Michel reçoit lui-même un éclat de pierre au genou. Pendant toute la journée du 15, la tour de Farinole est bombardée par les deux frégates *la Minerve* et *la Fortunée,* qui contribuent ainsi au succès de l'attaque.

Lacombe-Saint-Michel laisse 60 hommes à Nonza, dans le château, 100 hommes à Rogliano, une vingtaine d'hommes à Ersa, Tomino et Maccinaggio, et renvoie, par mer, le reste de sa troupe à Saint-Florent, avec 2 pièces de 24 prises à Maccinaggio et une certaine quantité d'huile et de vin. Il rentre lui-même à Bastia, le 23 novembre, et marque son retour par d'autres actes d'énergie.

La Société populaire l'ayant dénoncé au comité de Salut public, il en fait arrêter le président et les secrétaires, les frères Cadet et Fourquier, et les fait traduire devant le tribunal révolutionnaire sous prétexte qu'ils ont écrit une lettre insultante pour la représentation nationale. D'autres personnes sont emprisonnées comme suspectes (2).

---

(1) Arch. hist., cart. Corse, lettre de Lacombe datée de Nonza, le 20 novembre. (Pièces et doc., t. II, p. 100.) La lettre de Lacombe est adressée au comité de Salut public.

(2) Arch. hist., cart. Corse, rapport sur la Corse. (Pièces et doc., t. II, p. 246.)

Les riches n'ont pas voulu prêter de l'argent pour la solde des troupes ; Lacombe-Saint-Michel fait remarquer qu'en d'autres circonstances la ville de Bastia a pu fournir 200.000 écus aux Génois, et il demande impérieusement 200.000 livres, qui lui sont comptées dans les vingt-quatre heures.

Le 1er bataillon de l'Aveyron s'étant fait remarquer par son manque de discipline, le lieutenant-colonel Calvet, le capitaine Martin et l'adjudant-major Peyre, de ce bataillon, sont destitués. Par contre, les colonels Catelan, Gentili et Rochon, ce dernier du 26e, sont nommés généraux de brigade (1).

La fin de novembre et le mois de décembre se passent à perfectionner les défenses de la ville. Lacombe-Saint-Michel fait rendre des comptes à toutes les administrations, et profite de ce que les croisières anglaises ne sont pas encore très rigoureuses pour envoyer à Gênes un commissaire ordonnateur qui doit en rapporter du blé. Un négociant de cette ville nommé Danesi offre d'en fournir 15.000 mesures, qui sont payées d'avance par Lacombe-Saint-Michel ; mais l'armée d'Italie s'en empare, et, pour les troupes de la Corse, c'est l'approvisionnement d'un an qui disparaît.

---

(1) Arch. hist., cart. Corse, rapport sur la Corse. (Pièces et doc., t. II, p. 247.)

VI.

La nouvelle de la reprise de Toulon par Bonaparte fait espérer à Lacombe-Saint-Michel que la garnison de Corse, réduite à 2.500 hommes, dont un tiers levé dans l'île, sera renforcée par des troupes continentales (1). Aucun secours ne peut partir, mais par contre les Anglais dépêchent deux des leurs, le lieutenant-colonel Moord et le major Koehler, auprès de Paoli pour se concerter en vue d'une action commune.

Le 20 janvier 1794, avant le jour, trois vaisseaux britanniques se rapprochent de Nonza, dans le golfe de Saint-Florent, et débarquent 150 hommes pour aller brûler un moulin de la marine de Negro, gardé par un détachement de 6 grenadiers du 61e (2).

Au premier coup de canon tiré par les vaisseaux, le général Gentili part de la tour Mortella à la tête de 100 gre-

---

(1) Le 13 janvier 1794, le ministre de la guerre Bouchotte désigna pour la Corse 2.000 hommes de la garnison de Toulon, qui ne purent jamais s'embarquer en raison des croisières anglaises. (Arch. hist., cart. Corse, lettre du Ministre datée du 14 janvier. Pièces et doc., t. II, p. 107.) Un peu plus tard on essaie, tout aussi inutilement, de faire passer en Corse le 3e bataillon de l'Isère et celui des Landes. (Pièces et doc., t. II, p. 137.)

(2) Lacombe-Saint-Michel utilisait ce moulin pour les boulangeries de Bastia et de Saint-Florent. Les Anglais, qui pensaient y trouver un approvisionnement de blé, étaient guidés dans leur expédition par quelques habitants de Farinole, retirés à Nonza après la destruction de leur village, le 15 novembre 1793.

nadiers du 61e, établis dans les retranchements voisins, et se porte, à travers le golfe, sur la marine de Negro, avec les deux grosses chaloupes de la *Minerve* et de la *Fortunée*, et la felouque garde-côte *la Liberté*. Lacombe-Saint-Michel envoie de Bastia une compagnie de 50 grenadiers, qui suit la ligne des hauteurs.

La garde du moulin, canonnée par les trois vaisseaux et fusillée par les 150 hommes, fait une résistance désespérée. La compagnie de grenadiers a le temps d'arriver, et les Anglais, chargés d'un côté à la baïonnette et menacés de l'autre par les chaloupes armées du général Gentili, «qui n'ont pas l'air de s'apercevoir des coups de canon que les vaisseaux anglais tirent sur elles», se rembarquent précipitamment en abandonnant sur le terrain 4 morts et 8 blessés (1).

Le 25, toute la flotte anglaise, environ 40 navires, croise depuis Saint-Florent jusqu'au cap Corse et paraît chercher un lieu de débarquement entre le cap Bianco et la pointe Mortella. Un fort vent du nord-ouest la disperse pour quelques jours, et les garnisons de Saint-Florent et de Bastia en profitent pour continuer leurs préparatifs de défense. Saint-Florent étant le point le plus menacé, aussi bien par les Anglais que par les 1.500 ou 2.000 partisans qui constituent l'armée de Paoli, dont le quartier général est à Murato, Lacombe-Saint-Michel fait mettre à terre une partie des canons des deux frégates *la Minerve* et *la Fortunée* et les emploie à l'armement des camps de Fornali et de la Convention situés sur la route de Saint-Florent à la tour de Mortella (2).

La marine de Morsiglia était défendue par 21 gendarmes

---

(1) Arch. hist., cart. Corse, lettre de Lacombe datée de Bastia le 23 janvier. (Pièces et doc., t. II, p, 112.)

(2) On ne connaît pas exactement l'endroit précis où se trouvait le camp de la Convention; selon toute probabilité, Lacombe-Saint-Michel l'avait établi à égale distance de la Punta-del-Cepo et de la tour de Fornali.

commandés par le lieutenant Falconetti. Le 5 février, deux vaisseaux et une frégate de la flotte anglaise se présentent à quelque distance et envoient un parlementaire pour sommer la petite garnison de se rendre et réclamer un bateau génois qui leur a échappé. Falconetti répond que la marine de Morsiglia n'a reçu aucune barque, et ajoute : « Pour mon propre compte je ne crains pas vos menaces, et bien que je n'aie que fort peu de monde, s'il vous plaît de m'envoyer deux chaloupes d'Anglais, vous pouvez être certain que je les jetterai à la mer. »

Prenant au mot cette réponse hardie, les commandants des vaisseaux mettent à terre 200 hommes, mais le lieutenant Falconetti leur tient parole. Avec l'aide du maire de Centuri, des frères Pietri, d'un nommé Agostini, et de quelques autres habitants, il les attaque si vigoureusement qu'il les met en fuite, en leur tuant un homme et leur faisant plusieurs blessés.

Trois jours après, quatre vaisseaux anglais arrivent à l'improviste dans la baie de Maccinaggio et s'emparent de onze petits bâtiments français qui s'y sont refugiés (1). Un débarquement qu'ils tentent sur ce point est repoussé par le commandant Deltcl, du 1er bataillon de l'Aveyron.

Le 9, une frégate et un cutter, qui croisent depuis quelques jours devant Bastia, se mettent à la poursuite d'un bateau parti de Nice avec un chargement de grains. Ils se rapprochent tellement de la citadelle que Lacombe-Saint-Michel pointe sur la frégate une bombe qui l'atteint et l'endommage fortement. Le cutter, de son côté, est démâté par un boulet tiré de la batterie du Père-Duchêne, établie sur la place du Gouvernement (2).

---

(1) De ce nombre, trois étaient chargés de grains et furent emmenés ; on brûla les huit autres en vue du port.

(2) Arch. hist., cart. Corse, journal de Laviel. (Pièces et doc., t. II, p. 140.)

Bien que la défense soit localisée dans le Cap-Corse, et surtout dans un rayon de quelques kilomètres autour de Calvi, de Saint-Florent et de Bastia, le parti français n'en compte pas moins, dans l'intérieur de l'île, quelques habitants qui lui sont fidèles.

Le 23 janvier, le général Abbatucci et le capitaine Coti (1) établis à Argia-Pietrosa, sur le territoire de Taravo, font connaître au représentant du peuple qu'ils ont été attaqués par les paolistes dans la nuit du 21 au 22.

« Etant assemblés au nombre de 250 hommes dans le canton de Zevaco, disent-ils, nous fûmes informés que tout le canton rebelle d'Ornano, renforcé par l'arrivée des traîtres Panattieri, Mario Peraldi, Giuseppe Colonna et Bozi, avec une nombreuse suite de séditieux, suivie de deux canons et pourvue de vivres et de munitions, était soulevé pour nous attaquer. Nous prîmes les mesures de défense que nous permettaient nos forces. La nuit du 1er au 2 pluviose (21 au 22 janvier), un détachement de 100 hommes attaqua un de nos postes commandé par le citoyen Leonardi, curé d'Olivese, et composé de ses paroissiens, chargés de défendre le poste de la Trinité ; mais les attaquants furent repoussés avec l'aide d'un détachement du village de Corrano, venu sous la conduite du citoyen Peraldi, curé, et les ennemis eurent un homme de tué et plusieurs blessés. Cette même nuit, au point du jour, une troupe de rebelles de Talavo attaquèrent une de nos gardes à la fosse dell'Era et furent vigoureusement repoussés.

» Dans ce jour, tout le canton rebelle d'Ornano, faisant retentir le canon, les tambours et les cornets, finit par une

(1) Avant que la rupture fût complète entre les paolistes et les Français, Lacombe-Saint-Michel avait envoyé au delà des monts l'adjoint aux adjudants généraux Graziani pour former trois compagnies républicaines, dont les capitaines Coti, Bonelli et Costa reçurent le commandement. Vers le commencement de février, le général Abbatucci les conduisit par mer à Saint-Florent et à Calvi.

attaque générale composée de 1.500 rebelles. L'action dura jusqu'au soir ; nous perdîmes deux hommes et un blessé. Les rebelles ont eu douze hommes tués et plusieurs blessés, et en se retirant ils ont dévasté et mis le feu à plusieurs maisons des patriotes (1). »

(1) Arch. hist., cart. Corse, rapport daté d'Argia-Pietrosa (pièces et doc., t. II, p. 116).

VII

Attaques dirigées contre Saint-Florent. — Précautions prises par Lacombe Saint-Michel. — Reprise par les Anglais de la tour Mortella.
— Affaire de Furiani.

Dès que la lutte prend un caractère plus aigu, les efforts
des anglo-paolistes se portent tout particulièrement contre
Saint-Florent, ce qui s'explique par la position même de
cette ville entre Calvi et Bastia.

Le 7 février, une flotte anglaise forte de 6 vaisseaux, 8
frégates et 12 bâtiments de transport, vient mouiller dans
la baie de Saleccia, et met à terre une division de débarquement.

Lacombe-Saint-Michel, prévenu dans la nuit du 7 au 8,
quitte Bastia en toute hâte, avec le général Rochon, et se
rend au camp de la Convention. Il présume, d'après les
comptes rendus qui lui sont faits et eu égard surtout à
l'inconstance du temps, que les Anglais brusqueront leur
attaque et, par un mouvement combiné avec les paolistes,
se porteront, le 9 au matin, contre le camp de la Convention. En conséquence, le représentant du peuple et le
général Rochon passent la nuit au camp, dont le nombre
des sentinelles est augmenté de 50. Une heure avant le
jour, les troupes prennent les armes; les canonniers se
mettent en batterie, des tireurs de choix sont postés sur les
parapets, et deux colonnes profondes formées, l'une des
grenadiers du 61e, l'autre de la compagnie des Sans-
Culottes du 26e (1), se tiennent prêtes à charger.

_____

(1) Cette compagnie ne se composait que d'officiers et de sous-officiers.
Le *Moniteur* (n° 163, p. 660) en a donné la raison : « Les officiers des

A la pointe du jour, rien ne paraît; les Anglais se contentent de monter une pièce de canon de petit calibre sur une hauteur, derrière la tour Fortunée (1), et de tirer contre le parapet de cette tour, qui ne subit d'ailleurs aucun dommage.

Une aussi faible manœuvre fait présumer à Lacombe-Saint-Michel que la canonnade de la tour Fortunée n'est qu'une fausse attaque destinée à couvrir un mouvement plus étendu. Il suppose que les Anglais, par les chemins de la montagne, ont profité de la nuit pour se porter sur Murato, d'où, avec l'aide des paolistes, ils pourront, à leur choix, attaquer Saint-Florent par Oletta, ou Bastia par Biguglia. Ce dernier parti est même d'autant plus à redouter que des communications ont eu lieu, par l'étang de Biguglia, entre les paolistes et les Anglais, et qu'il y a, à l'île d'Elbe, un petit corps d'émigrés. Lacombe-Saint-Michel renforce de deux compagnies le camp de San-Bernardino, aux bouches de Patrimonio, où il fait construire une batterie dite de la Montagne, et fait monter au col de Teghime 2 pièces de 18 tirées de la frégate *la Minerve*. Le camp de Teghime est augmenté de 200 volontaires corses formant une colonne mobile dépendante de la garnison de Bastia.

Une batterie de 6 pièces, tirées du bord de la frégate la *Flèche*, a été construite au point où la route de Saint-Florent se détache de celle de Corte. Lacombe-Saint-Michel y constitue un véritable camp qui prend le nom de *Fulminatore dei rebelli*.

Enfin, pour dominer la plaine de Biguglia, on a armé de 4 pièces de 18 une hauteur (dite de Lacombe-Saint-Michel)

régiments qui sont en Corse, y est-il dit, se trouvant en excédent dans les différents corps, qui sont extrêmement réduits par les maladies et le défaut de recrutement, Lacombe-Saint-Michel a formé des compagnies d'officiers et de sous-officiers destinées à marcher avec les grenadiers. »

(1) Nouveau nom de la tour Mortella.

qui paraît s'être trouvée au delà de Montesoro. Le représentant y envoie un détachement de 150 hommes, dont le
commandement, ainsi que celui des *Fulminatore*, est con-
fié au lieutenant-colonel Dalous de l'état-major (1).

Le moral des troupes est excellent. « Il est touchant, dit
Lacombe-Saint-Michel, de voir le soldat et le matelot,
n'ayant ni souliers, ni culottes, supporter toutes ces privations avec plaisir. Cette nuit je voyais un matelot de la
Fortunée n'ayant qu'une culotte de toile toute déchirée ; je
lui dis : « Comment fais-tu pour te garer du froid avec
» une si mauvaise culotte ? — Je gèle, mais cela ne fait
» rien. Vive la République ! » Cette réponse arrache des
larmes.

» Le 61ᵉ régiment, ci-devant Vermandois, montre un
courage et un patriotisme au-dessus de tout éloge. Aujour-
d'hui en venant de Saint-Florent, j'ai trouvé des soldats de
ce corps sortant moribonds de l'hôpital de Bastia et pleu-
rant de crainte de ne pas se trouver à la bataille » (2).

Le 8 février, vers 2 heures du soir, alors que le représ-
sentant est à peine de retour à Bastia, une frégate et un
vaisseau de 74 se rapprochent de la tour Fortunée et la
canonnent pendant quatre heures. La tour répond par 32
boulets rouges et un paquet de mitraille qui mettent le feu
aux bâtiments anglais et les obligent à se faire remor-
quer vers la haute mer.

Dans la nuit du 8 au 9, les Anglais augmentent leurs
feux du côté de la terre, et arment trois batteries qui tirent,
sans discontinuer, contre la tour Fortunée, sans que celle-
ci, faute de munitions, puisse riposter autrement que par

(1) Les autres commandements sont ainsi répartis : au camp de la
Convention, le lieutenant-colonel Tavel, de l'artillerie ; au camp de San-
Bernardino, le lieutenant-colonel Villantrois, qui a aussi le commandement de l'artillerie de Saint-Florent ; au camp de Teghime, l'adjudant-
général Couthand.

(2) Arch. hist., cart. Corse, lettre de Lacombe datée de Bastia le 9 février. (Pièces et doc., t. II, p. 123.)

un coup de canon toutes les demi-heures. Le général Gentili reconnaît, avec quelques soldats, la hauteur qui se trouve entre le Fiumo-Santo et le ruisseau de Vaghio, et a deux hommes tués par les paolistes. Quelques personnes sont d'avis de fortifier cette hauteur, mais Lacombe-Saint-Michel s'y oppose, pour ne pas augmenter la dissémination de ses forces, et se contente, sur l'avis de son aide de camp Franceschi et du général Gentili, d'y faire transporter deux mortiers à la Gomer, qui ont pour mission de surveiller la côte.

Dans la journée du 9, le parapet de la tour Fortunée est complètement détruit, et les défenseurs sont obligés d'évacuer la plate-forme. La résistance, néanmoins, se continue toute la nuit; mais les artilleurs anglais, guidés par Achille Murati, cherchent à faire brèche du côté de la poudrière, et la garnison, désespérant d'être secourue, capitule dans la matinée.

En apprenant cet échec, le général Gentili fait renforcer le camp de la Convention par une partie de la garnison de Saint-Florent. Trois ou quatre cents paolistes qui essaient de s'emparer de la tour de Fornali sont vigoureusement repoussés avec des pertes très sérieuses. Les compagnies Bonelli et Coti, formées de volontaires de l'intérieur, se distinguent dans cette attaque.

La nuit du 10 au 11 se passe sans aucun mouvement de la part de l'ennemi. Anglo-paolistes et Français travaillent à se retrancher. Le 11, la nuit du 11 au 12 et le 12, les paolistes renouvellent, sans plus de succès, leurs tentatives contre Fornali. Lacombe-Saint-Michel, qui s'est rendu à Saint-Florent, augmente de 4 pièces l'armement du camp de Teghime et retourne à Bastia dans la soirée. Un fort parti rebelle établi à Biguglia est arrêté, devant Furiani, par un bataillon de volontaires corses secondé par une compagnie de grenadiers du 26e, que le général Catelan a fait partir de Bastia pendant la nuit.

VIII

Inaction des Anglais. — Affaire d'Erbalunga. — Combats autour de Saint-Florent. — Belle conduite des canonniers et des grenadiers du 61e. — Evacuation de la ville. — Le Cap Corse est en pleine révolte.

Dans la nuit du 12 au 13 février, le général Gentili, étonné de ne pas être attaqué par des forces plus nombreuses, veut s'assurer par lui-même de la position de ses ennemis. Il quitte le camp de la Convention vers 2 heures, à la tête d'une reconnaissance de 200 hommes, et tombe sur des paolistes qui sont mis en déroute après un court combat, en laissant sur le terrain une quinzaine de morts. Le détachement du général Gentili ne perd, dans cette affaire, qu'un grenadier du 61e et un chasseur corse du 18e bataillon d'infanterie légère.

Le 13, Lacombe-Saint-Michel est informé qu'au village de Pietra-Corbara un nommé Lazarini a fait tirer sur nos gendarmes et levé un parti rebelle d'une cinquantaine d'hommes. Il envoie contre lui la compagnie de grenadiers du 26e et 50 gendarmes commandés par le lieutenant Falconetti, avec mission de s'emparer de sa personne et des officiers municipaux qui n'ont pas voulu maintenir la tranquillité dans leur commune.

Le 14, l'inaction continue du côté des Anglais, qui font amener du canon sur le monte Capello et le monte Revinco, et prennent ainsi à revers les camps de Fornali et de la Convention.

Le 15, on reste encore dans l'expectative, mais les Anglais et les Paolistes se massent, ce qui paraît être l'indice d'une prochaine attaque.

Le même jour, Lacombe-Saint-Michel ordonne au capi-

taine Poulain, commandant le corsaire *la Montagne*, du
port de Bastia, de partir, avec quelques mariniers, pour
aller chercher à Erbalunga une pièce de 8 abandonnée
sans affût dans la tour du village. Le capitaine Poulain ne
prend avec lui que deux chaloupes non armées, pensant
qu'elles lui suffiront, mais il est attaqué, au cours de son
opération, par les habitants qui tirent sur lui de toutes les
fenêtres. Un de ses hommes est tué, la plupart sont faits
prisonniers et lui-même, blessé d'une balle qui lui fracasse
la main, est emmené dans le Cap Corse, dont tous les villages sont déjà en pleine révolte.

Le 16, à la pointe du jour, on perçoit à Bastia le bruit
d'une canonnade très vive dans le golfe de Saint-Florent.
« Au premier coup de canon, dit Laviel, le représentant du
peuple partit pour s'y rendre. Arrivé à la hauteur du Tikimé (1), il aperçut deux batteries que les ennemis avaient
démasquées, l'une au monte Capello et l'autre au monte
Revinco. Il continua tout de suite sa route et amena à
Saint-Florent cent hommes de renfort. Il se rendit de suite
à la colline de la Convention qu'il trouva battue et enfilée
par une batterie de 2 pièces de canon du monte Capello;
il y avait eu avant son arrivée 2 hommes de tués et quelques
blessés. Il y resta environ une heure et fut reconnu et in-
sulté par les rebelles, et l'on aperçut un feu beaucoup plus
vif tout le temps qu'il y resta; nombre de boulets et de
bombes vinrent tomber dans le camp, mais cependant
ne blessèrent personne tant qu'il y fut, quoique le lieu fût
extrêmement resserré. Le même soir, il envoya à la colline
3.000 sacs à terre pour former un épaulement à 2 pièces
de 12 que les ennemis avaient canonnées toute la journée.
La batterie du monte Revinco, quoique composée de deux
grosses pièces et d'un mortier, ne faisait pas, à beaucoup
près, autant de mal que celle du monte Capello, qui pre-

(1) Col de Teghime.

nait tout le camp d'enfilade, et battait en rouage une batterie de 4 pièces de canon qui défendait contre la mer.
Heureusement que, placé à une hauteur de plus de 150
toises perpendiculaires, le ricochet n'avait aucun effet;
tous les coups étaient plongeants (1). »

La lutte se continue sans interruption pendant toute la
nuit et la journée du 17. Trois grenadiers du 52e, provenant du régiment licencié de Salis-Grisons, passent à
l'ennemi pendant leur faction et lui donnent le mot de ralliement. A 9 heures du soir, les batteries anglaises redou-
blent leurs feux, et vers 10 heures le camp est attaqué par
plusieurs colonnes anglo-paolistes, qui ont pu tromper la
surveillance de nos patrouilles grâce à la trahison des grenadiers du 52e. En apercevant les habits rouges, quelques
sentinelles font feu, mais trop tard. Les colonnes d'assaut
pénètrent dans les batteries avant que nos soldats, fatigués par plusieurs nuits de veille, soient revenus de leur
stupeur, et les cris de : « Nous sommes repoussés de partout, sauve qui peut ! » poussés, dit-on, par quelques
traîtres, achèvent de les démoraliser.

« En vain, écrit Lacombe-Saint-Michel à son ami Saliceti, le général Gentili et Taviel étaient dans la mêlée, se
battaient corps à corps et cherchaient à les rallier ; il ne fut
plus temps; ils crièrent : « Ralliement à la tour de Fornaly »; les troupes s'y rendirent. Eux quittèrent les derniers le camp de la Convention, et après que les ennemis
furent maîtres de toute l'artillerie. Arrivés à Fornaly, il y
avait un tel découragement dans la troupe qu'ils crurent
devoir faire enclouer les pièces des différentes batteries et
se déterminèrent à faire leur retraite sur Saint-Florent.

» Dans cette déroute, il s'est fait des actions héroïques.
La compagnie des sans-culottes, composée d'officiers et

_____

(1) Arch. hist., cart. Corse, journal de Taviel. (Pièces et doc., t. II,
p. 148.)

sous-officiers du 26e régiment, s'est parfaitement battue ;
aussi a-t-elle perdu 1/15 d'officiers. Les grenadiers du 61e
se sont parfaitement battus ; tous nos canonniers de même ;
aussi ont-ils presque tous succombé. Villantroix, chef de
bataillon de l'artillerie a été tué ; Charavin, celui qui avait
si bien défendu Fornaly, de même ; Délage, capitaine de
grenadiers au 52e, et Jean Rumedon, de même ; et c'est
un miracle que Gentili et Taviel ne l'aient pas été ; ils se
sont trouvés au milieu de 12 ou 15 Anglais : Taviel en a
tué quatre et s'est échappé » (1).

Un canonnier désarmé se bat à coups d'écouvillons et ne
tombe qu'après avoir assommé 3 Anglais. Un grenadier du
61e a déjà tué cinq Anglais lorsqu'il aperçoit l'un des grenadiers du 52e qui ont déserté le matin et guidé les colonnes
d'assaut. Il se précipite sur lui et lui fend la tête d'un coup
de sabre en lui jetant ces mots : « Lâche ! tu ne trahiras
plus personne ! »

Le 18, au point du jour, Lacombe-Saint-Michel part de
Bastia et accourt à Saint-Florent, où le général Gentili
s'occupe des moyens de défendre la ville par terre. Il
recueille les fuyards, les encourage et cherche à leur donner une bonne opinion de leurs propres forces ; mais, en
même temps, il fait renforcer le camp de San-Bernardino
par la compagnie de grenadiers du 26e, et prend toutes ses
dispositions pour une retraite méthodique. Les Anglais
emploient leur temps à construire des batteries qui enfi-
lent la ville et à s'organiser pour une attaque prochaine.

Dans la soirée du 18, un conseil de guerre, assemblé à
Saint-Florent, est d'avis de défendre la ville.

Le 19 au matin, Lacombe-Saint-Michel est informé que
les Anglais paraissent vouloir débarquer dans la marine
du Miomo : il envoie contre eux une pièce de canon et cent

---

(1) Arch. hist. cart. Corse, lettre datée de Bastia, le 19 février.
(Pièces et doc., t. II, p. 129.)

hommes, mais la fatigue et les privations ont fait de tels ravages parmi les troupes qu'il ne reste plus assez de monde à Bastia pour relever les postes, et que, par cela même, la ville se trouve à la merci d'un coup de main, d'autant plus à craindre que de nombreux habitants sont hostiles (1). Lacombe-Saint-Michel comprend qu'il est de toute nécessité de sacrifier Saint-Florent pour sauver Bastia, et il écrit dans ce sens au général Gentili.

« Je voulais, dit-il, qu'on évacuât Saint-Florent dans deux nuits et un jour ; qu'on n'y laissât ni vivres, ni munitions, ni effets d'artillerie ; je voulais qu'on se repliât sur le camp de S. Bernardino, afin de disputer les gorges de Patrimonio et de vendre cher le terrain que les troupes anglaises pourraient gagner pendant la retraite faite dans une montagne où j'allais avoir sur l'ennemi l'avantage des hauteurs qu'ils avaient eu sur nous à Fornali. Je savais bien qu'une troupe assiégée ou poursuivie par une troupe supérieure est prise tôt ou tard, si elle n'est secourue ; mais en disputant tous les postes, nous leur aurions fait perdre beaucoup de monde, nous aurions pu les dégoûter. Nous donnions le temps de nous secourir et nous occupions des forces qui auraient pu nous nuire ailleurs. Tout fut inutile (2). »

« La première nuit, rapporte Laviel, les Anglais ayant sommé la garnison de Saint-Florent de se rendre, et le moment de l'enthousiasme qui leur avait fait jurer de vivre ou mourir à Saint-Florent étant passé, et la place n'étant

---

(1) Le 19 février, Lacombe-Saint-Michel écrit de Bastia à Saliceti :
« Je suis entouré de traîtres, mon cher Saliceti, et ajoutes-y quelques f... f... Aujourd'hui, j'ai voulu organiser trois compagnies soldées des citoyens ; je leur ai fait distribuer 3.000 cartouches ; il y a eu un débarquement ce soir par les Anglais, à une lieue de Bastia, et ces j...f... de citoyens ont tiré sur nous ; ils ont tué deux hommes». (Arch. hist., cart. Corse; pièces et doc., t. II, p. 129.)

(2) Arch. hist., cart. Corse; rapport de Lacombe. (Pièces et doc., t. II, p. 250.)

pas tenable contre un siège de terre, le conseil de guerre, avant de recevoir la lettre du représentant du peuple, décida l'évacuation. La retraite se fit sur le camp de San-Bernardino, mais la terreur panique de la veille existant encore, elle se fit à la hâte, malgré les ordres du commandant. On n'a sauvé que quelques pièces de bataille ; munitions, vivres, tout a été abandonné, et ce qu'il y a de plus fâcheux, nous y avons perdu les deux frégates *la Minerve* et *la Fortunée;* une a été brûlée, l'autre coulée à fond.

» Le 2 ventôse (20 février), le représentant du peuple ordonna que l'évacuation se fît sur Tikimé ; une suite de cette terreur que quelques mauvais esprits se plaisaient d'entretenir fit faire encore cette retraite avec désordre ; la terreur réelle ou feinte se répandit aussitôt parmi les Corses ; les bataillons d'infanterie légère qui étaient à Patrimonio et Barbaggio se retirèrent en désordre, pillèrent les magasins, et huit pièces d'artillerie, qu'avec des soins l'on pouvait monter au Tikimé, furent abandonnées à San-Bernardino (1).

» Le 3 ventôse, continue Laviel, le bataillon d'infanterie légère qui était à Furiani fit observer au représentant que des forces plus considérables le menaçaient et qu'il serait plus avantageux pour eux de se poster dans des maisons qui sont en deçà, immédiatement après le ruisseau de S. Pancrazio. Le représentant du peuple, voyant le découragement qui se mettait parmi les Corses et peut-être les trahisons individuelles, donna ordre de se retirer sur cette position, mais donna l'ordre exprès qu'on ramenât à Bastia les pièces d'artillerie qui étaient à la tour de Furiani. Le lieutenant-colonel Giovanni, qui y commandait dans le moment de la retraite, n'exécuta aucun de ses ordres. Il se retira sous le canon de la batterie S. Michel et abandonna

---

(1) Arch. hist., cart. Corse; journal de Laviel. (Pièces et doc., t. II, p. 150.)

BAIE DE SAINT-FLORENT

les pièces et toutes les hauteurs qui dominent le chemin
de S. Florent.

» Cette faute grave commise, le camp de Tikimé restait
à découvert et pouvait être coupé. Une partie du bataillon
de Casalta avait déserté à l'ennemi. Tous les habitants de
Furiani avaient quitté leur village et s'étaient joints à
eux ; du côté du Cap Corse, aucun village n'était resté
fidèle : les villages de Cardo, de Ville et Lota avaient proposé de former trois compagnies. Le représentant du peuple les avait fait organiser le matin, et le soir, elles tirèrent
sur les Français.

» Lacombe-Saint-Michel, voyant qu'il ne pouvait compter
exactement que sur les troupes continentales, les bataillons corses étant réduits à 100 ou 120 hommes au plus,
sentit la nécessité de resserrer le cercle de sa défense. Il
consulta les anciens officiers corses qui avaient été témoins
de la guerre des Génois, et, voulant rassurer ces troupes et
leur donner plus de confiance dans les secours mutuels, il
ordonna que le camp du Tikimé se retirerait après que les
chemins seraient rompus, pour empêcher au moins pendant quelque temps l'ennemi de pouvoir gagner la hauteur. »

IX

Les défenseurs de Saint-Florent arrivent à Bastia. — Combat de Ponteprato. — Bombardement de Bastia par les Anglais. — Vigoureuse
sortie de la garnison. — Localisation de la défense.

Le 22 février, le camp de Teghime est attaqué par de
nombreux paolistes, pendant que l'adjudant-général Couthand fait pratiquer les coupures de chemins qui lui ont
été prescrites par le représentant. La fusillade dure trois
heures, sans autres pertes, du côté des Français, que
deux soldats tués et deux blessés; mais les paolistes, plus
éprouvés, ont vingt-huit hommes mis hors de combat.

Pendant la nuit, la retraite s'opère sur Bastia, les armes
à la main. Quelques hommes sont laissés à Ponteprato et
à la batterie du camp Saint-Michel.

Le 23 au matin, deux vaisseaux anglais, deux frégates
et un cutter, qui croisent depuis longtemps devant Bastia,
s'approchent du camp de Ponteprato où ils envoient quelques boulets pendant que des paolistes, venus de Biguglia,
s'avancent en masse par la route de Corte.

Lacombe-Saint-Michel envoie à Ponteprato le général de
brigade Rochon avec deux compagnies de grenadiers, l'une
du 26e et l'autre du 61e, qui soutiennent les troupes du
lieutenant-colonel Dalous et repoussent avec succès toutes les tentatives de l'ennemi.

Les bâtiments anglais jettent l'ancre devant Bastia vers
1 heure de l'après-midi et commencent le feu contre la
ville. La frayeur y est d'autant plus grande que le bombardement n'est pas prévu.

Les fourneaux ne sont allumés nulle part, et ce n'est
qu'à la fin de la bordée que les canons de la citadelle peu-

vent riposter par deux boulets rouges, dont un atteint une frégate et la met hors de combat.

Dans le courant de la journée, les Anglais envoient plus de 500 boulets et se retirent, sans que l'on ait à déplorer d'autres pertes que celle d'un canonnier. Une femme de la ville est blessée.

Pendant que Lacombe-Saint-Michel et le général Catelan dirigent le tir des canons de la citadelle et que le général Rochon se maintient du côté de Furiani, le général Gentili est attaqué par de nombreux paolistes dans la direction de Ponteprato. Il reste toutefois en position et ne bat en retraite, pendant la nuit, que sur un ordre du représentant qui prescrit l'évacuation des camps de Ponteprato et de Saint-Michel dans le but de restreindre la défense et de lui donner, par cela même, plus de cohésion.

Le 24 également, la société populaire de Bastia offre et obtient de faire transporter un canon au fort de Straforello.

Depuis quelques jours, les Anglo-Corses se sont emparés de toutes les hauteurs voisines de Bastia, et la nécessité de replier nos postes avancés n'a pas permis à Lacombe-Saint-Michel de les faire attaquer dans de bonnes conditions.

Mais comme les ennemis travaillent sur ces hauteurs, il devient urgent de s'opposer, par tous les moyens, à l'établissement de batteries qui domineraient la ville.

Dans la soirée du 24, le représentant prend ses dispositions pour une sortie générale qui devra se produire le lendemain.

Cent hommes de l'escadron volant du lieutenant-colonel Bonelli et cent autres du lieutenant Falconetti ont ordre de partir à 3 heures du matin, sous les ordres du général Gentili, et de passer à côté de Monserato pour aller attaquer un poste de paolistes qui domine le fort. Ils doivent opérer un mouvement tournant qui aura pour effet de nettoyer la montagne et de rejeter les ennemis sur Cardo.

Une autre colonne de 150 hommes, commandée par les capitaines Emmanuelli et Ricard du 52e, doit gagner les hauteurs intermédiaires au-dessus de Castelluccio et attaquer de front.

Deux autres colonnes : l'une commandée par le lieutenant-colonel Langlave et composée de la compagnie de grenadiers du 52e, d'une compagnie de chasseurs et de la compagnie de la montagne ; l'autre, aux ordres du capitaine Bérard, du 2e bataillon des Bouches-du-Rhône, et composée de la seconde compagnie des grenadiers du 26e, de la compagnie de chasseurs de ce même régiment et de la compagnie de chasseurs du bataillon des Bouches-du-Rhône, doivent tomber à la baïonnette sur le poste de Castelluccio, où la résistance paraît devoir être la plus vive.

Le 25, à 5 h. 30 du matin, un coup de canon parti du fort de Straforello, donne le signal de l'attaque. En moins de trois quarts d'heure, et avec un enthousiasme indescriptible, toutes les hauteurs sont emportées d'assaut aux cris de : « Vive la République! ». Deux pièces de 4 sont mises en batterie sous les murs de Cardo, mais elles commencent à peine à tirer que ce village, dernier retranchement des paolistes, est enlevé à la baïonnette et livré aux flammes.

L'attaque est tellement prompte que nos colonnes d'assaut ne perdent que deux hommes et n'ont que dix blessés. Les paolistes et les Anglais comptent de nombreux morts.

Des hauteurs de Cardo on aperçoit à l'horizon dix bâtiments anglais qui se rapprochent de Bastia. L'un d'eux, un vaisseau de 74, se détache et vient commencer le feu contre la citadelle, mais un boulet rouge le fait virer de bord et quelques boulets à froid achèvent de le mettre en fuite.

Pendant qu'on se bat du côté de Castelluccio, les avant-postes du camp Saint-Michel et du fort de Monserato sont attaqués par les rebelles de Furiani; quelques coups de canon les dispersent (1).

L'expédition du 25 est la contre-partie de ce que la prise de Fornali a été pour nos propres troupes; mais Lacombe-Saint-Michel fait rentrer ses colonnes à Bastia dans la nuit du 25 au 26 et se contente de garder les hauteurs. Les Anglais et les paolistes, qui croient que cette retraite n'est qu'un piège, n'en continuent pas moins leur fuite précipitée vers Saint-Florent, à l'exception de quelques hommes plus courageux qui se blottissent dans les rochers où on ne songe pas à les poursuivre.

Il est juste de dire que, pour donner le change à ses ennemis, Lacombe-Saint-Michel a écrit au commandant de Calvi une lettre, qu'il a fait tomber entre leurs mains, et dans laquelle il parle d'offensive.

A la vérité, le moment serait favorable pour reprendre Saint-Florent.

La route du col de Teghime est ouverte, « mais il n'aurait pas fallu être militaire, dit Lacombe-Saint-Michel, pour prétendre garder sept lieues de distance avec 1.200 hommes ».

On fait donc le sacrifice de cette ville et de tous les postes du Cap, et la guerre se réduit désormais aux deux seuls sièges de Bastia et de Calvi.

---

(1) Arch. hist., cart. Corse, journal de Laviel. (Pièces et doc., t. II p. 155.)

Siège de Bastia (1).

La garnison de Bastia, après l'évacuation de Saint-Florent et du Cap Corse, peut être évaluée à 1.500 hommes appartenant aux différents corps que voici :

4ᵉ Régiment d'artillerie............	Delattre, capit.-commandant.
Gendarmerie nationale.............	Bonelli, lieutenant-colonel.
26ᵉ Régiment d'infanterie..........	La Balguerie, chef de brigade.
52ᵉ — —	Presié, chef de bataillon.
61ᵉ — —	Alcher, chef de brigade.
2ᵉ Bataillon des Bouches-du-Rhône.	Sinetti, chef de bataillon.
1ᵉʳ — de l'Aveyron...........	Vaissier, capitaine.
1ᵉʳ — de volontaires Corses..	Casalta, chef de brigade.
15ᵉ — d'infanterie légère corse	Roccaserra, chef de bataillon.
16ᵉ — — —	Colle, —
17ᵉ — — —	Louis Coti, —
18ᵉ — — —	Cattoni, —
Une compagnie franche............	Landinelli, capitaine.
Le bat. des Sans-Culottes de la marine.	Allemand, commᵗ de *la Flèche*.

Le 26 février, vers neuf heures du matin, dix bâtiments anglais, dont deux vaisseaux de guerre, se réunissent en manœuvre et paraissent disposés à canonner la ville. Les batteries sont parées, les fourneaux allumés et les troupes à leurs postes, mais les bâtiments anglais n'attaquent pas.

---

(1) Indépendamment de la correspondance officielle, on possède, sur le siège de Bastia, deux documents d'une importance toute particulière : le *Journal de l'attaque des Anglais en Corse,* du 17 pluviôse au 15 ventôse an II (du 5 Février au 5 Mars 1794), certifié véritable par l'agent militaire Laviel, et le *Journal du siège de Bastia en Corse,* du 1ᵉʳ ventôse au 20 prairial an II (du 19 Février au 8 Juin 1794), rédigé par le général Gentili. — L'un et l'autre sont conservés aux archives historiques du dépôt de la guerre.

Le 27, le bois manquant pour le service de la troupe, Lacombe-Saint-Michel fait faire une sortie, vers 8 heures du matin, pour s'en procurer en coupant les oliviers qui avoisinent la ville, du côté de la barrière Saint-Nicolas. Les travailleurs sont soutenus par un piquet de 50 hommes qui est attaqué par les paolistes et se défend courageusement jusqu'à l'arrivée de l'escadron volant des gendarmes du lieutenant-colonel Bonelli. Les paolistes sont mis en fuite et perdent six hommes ; nous avons, de notre côté, deux hommes tués et deux blessés.

Pendant toute la matinée, une escadre anglaise de dix vaisseaux manœuvre pour se ranger en bataille devant la citadelle ; mais vers 10 heures, le vent du nord-ouest, qui souffle depuis minuit, devient tellement violent, que les navires sont obligés de reprendre le large.

Lacombe-Saint-Michel avait envoyé le capitaine Veru, avec une chaloupe, du côté de Saint-Florent pour faire une reconnaissance de la côte. Cet officier rentre à Bastia dans la nuit du 27 au 28, sans avoir pu accomplir sa mission, le mauvais état de la mer ne lui ayant pas permis de doubler le Cap Corse, mais il rapporte que des îles Sainte-Marie, où il s'est réfugié pendant le jour, il a vu un vaisseau anglais débarquer des troupes. Il devient de plus en plus certain que le projet des Anglo-Paolistes est de cerner Bastia de tous les côtés, et Lacombe-Saint-Michel fait travailler à augmenter les défenses de la ville. Le fort de Monserato est armé de canons, et de nouvelles batteries sont commencées au dessus de Saint-François, au camp des Vignerons et à la place Le Peletier.

Le 14 ventôse (4 mars), des hommes venus de l'intérieur font connaître que Paoli s'est rapproché de Bastia et s'est établi à Furiani.

Dans la nuit du 14 au 15, un bateau génois, parti de Toulon, apporte des nouvelles du représentant Saliceti et fait espérer de prochains secours, qui n'arriveront jamais, comme nous le verrons par la suite. Vingt-six navires anglais apparaissent au point du jour du côté de l'île de Capraja.

Le représentant Lacombe Saint-Michel envoie, pour la sixième fois, des dépêches à Saliceti et lui expose les nombreux dangers qui le menacent : « Notre position ici, lui dit-il, a été bien pénible ; depuis dix mois nous faisons la guerre à tous les besoins ; parmi les troupes que nous avons ici, réduites presque à rien par les maladies et par le défaut de recrutement, un seul corps a vu la Révolution, c'est le 61e régiment, aussi tranche-t-il d'une manière bien évidente, et dans son patriotisme et dans sa bravoure ; ce ne sont pas des mercenaires qui sont conduits par leurs officiers, ce sont des républicains qui combattent pour la liberté ; le reste ne connaît la Révolution que de nom, et nous avons éprouvé ici ce qu'on éprouve dans le commencement de la guerre : des terreurs paniques, des *sauve-qui-peut*, et tout ce que la malveillance, la cabale sous main peut produire. Je n'ai vu d'autre moyen de les remettre que de réunir les forces dans un seul point, de fortifier les approches de Bastia qui ne l'étaient pas, de s'emparer des hauteurs qui étaient déjà prises, et actuellement nous tenons une position imposante, et si tu arrives vite, tout sera bientôt réparé.

» Tu me dis, ajoute-t-il plus loin, de dépenser et de ne rien ménager pour t'instruire ; je l'ai fait. Quant aux dépenses, il serait difficile que je les fisse, car je n'ai pas même d'argent pour faire le prêt. Tu en parles bien à ton aise ; tu ne songes pas que je suis sur un roc, éloigné de toutes ressources. Tu me citeras peut-être les marchands. Ces messieurs n'ont pas d'argent pour la République. Ils ont caché jusqu'à leurs marchandises, et pour un écu de bénéfice ils seraient Anglais plutôt que Français. Patience ! le jour de la justice viendra.

» J'ai fait Franceschi adjudant général, il l'avait bien

gagné à Fornali ; lui, le général Gentili, Taviel, les canonniers et les grenadiers du 61e régiment ont tenu une conduite bien distinguée. Il y a d'autres individus que je te
ferai connaître qui se sont parfaitement conduits. Boëte,
adjudant sous-officier du 26e, a sabré avec une vigueur
remarquable ; je ne saurais assez faire l'éloge de l'activité
et du zèle que mettent dans leur service les généraux Gentili et Rochon. Sans eux, j'aurais été bien embarrassé. Si
tu pouvais débarquer mille hommes dans le Cap-Corse
pour nous joindre ici, ce renfort nous mettrait à même de
sortir tout de suite : nous n'avons pas tant besoin de force
que de républicains qui connaissent la Révolution et qui
encouragent (1) ».

Jusqu'au 15 germinal (4 avril), rien de bien particulier
ne se produit autour de Bastia. Les rebelles garnissent les
hauteurs voisines, d'où ils descendent fréquemment pour
échanger des coups de feu avec les postes détachés, et
Lacombe-Saint-Michel fait travailler au renforcement de
ses lignes. A cette date, les fortifications de la ville, indépendamment de la citadelle, de l'enceinte et des forts, se
composent de onze batteries ainsi réparties : une à la place
du Gouvernement, trois sur les hauteurs de Saint-François,
une à l'extérieur du fort Straforello, une à Louaga, une à
Montemaggiore, une à Colombano, deux au camp Vert et
une au camp des Capanelles. Quelques ouvrages de moindre importance garnissent les hauteurs de Campo-Ventoso.

Les Anglais ont toujours devant Bastia quatre ou cinq
vaisseaux qui bloquent le port. Pendant la nuit du 9 au 10,
plusieurs boulets sont lancés sur la citadelle, qui riposte
avec avantage.

Le 13, douze vaisseaux anglais mouillent aux environs

---

(1) Arch. hist., cart. Corse, lettre datée de Bastia, le 5 mars. (Pièces
et doc., t. II, p. 158.)

de Bastia, pendant que huit autres croisent en mer. Quelques coups de canon sont encore échangés le lendemain, et le 15, dans l'après-midi, un corps de débarquement est mis à terre, du côté de Toga, où il se maintient malgré tous les efforts du général Catelan pour le rejeter à la mer.

Jusqu'au 22 germinal (11 avril), des coups de feu continuels sont tirés aux avant-postes. Les Anglais se renforcent dans leurs lignes, sous la direction du capitaine Hunt, et repoussent toutes les tentatives qui sont faites pour les en déloger, pendant que les paolistes, devenus plus hardis depuis qu'ils sont secourus, se risquent à faire des démonstrations jusqu'aux portes mêmes de la ville.

Le 22, à 9 heures du matin, un canot parlementaire portant à l'avant le pavillon français et à l'arrière le pavillon britannique se présente dans le port. Lacombe-Saint-Michel, prévenu, lui fait défendre d'accoster et se rend au môle, précédé de la compagnie de grenadiers du 61e, escorté de la municipalité, des officiers généraux, des principaux officiers de l'état-major et d'une foule de citoyens et de soldats. Un colloque s'engage entre le représentant et les officiers anglais qui se trouvent dans le canot, et finalement ceux-ci s'éloignent sans avoir pu remettre une sommation dont ils sont porteurs. Une heure après, les Anglais démasquent leurs batteries de la chapelle Saint-Roch, et couvrent la ville de projectiles. Une frégate de 40 canons vient s'embosser devant la batterie Le Pelletier, qui riposte à boulets rouges et met le feu à bord ; la frégate est complètement incendiée.

Pendant toute la nuit, le canon tonne de part et d'autre et la journée du 23 se passe exactement dans les mêmes conditions.

Le 24, les Anglais attaquent sans succès le camp des Capanelles, dont les boulets leur font beaucoup de mal. Les journées suivantes, le bombardement continue, sans une minute de répit. La batterie Le Pelletier fait un feu d'enfer et contrarie visiblement le tir de ses ennemis. Enfin, le 29, à 10 h. 1/2 du soir, les Anglo-Corses sortent de leurs camps et se portent à l'assaut des lignes françaises, du côté de Louaga et de Campo-Ventoso.

« La fusillade, dit Lacombe-Saint-Michel, dura près de deux heures et demie ; grâce à nos retranchements, nous n'avons eu qu'un mort et quatorze blessés, mais les ennemis ont fait une grande perte, si l'on en juge par des makis remplis de sang, et par des nez, des oreilles et des cervelles trouvés dans la campagne. Nos troupes se sont battues, tant les Corses fidèles que les Français, avec une intrépidité vraiment républicaine. On les entendit par un mouvement spontané crier : A la bayonnette! et y aller, et ce mouvement seul dissipa les ennemis qui ne voulurent jamais l'attendre. Une colonne anglaise était prête pour attaquer le camp des Oliviers, mais la vigueur avec laquelle les postes de la montagne repoussèrent les assaillants leur coupa les jambes, et cela fut bien malheureux, car quatre compagnies de grenadiers (au nombre desquels étaient les braves du 61ᵉ régiment qui ne voulurent point répondre un seul coup de fusil à deux cents Corses qui les tiraillaient à la portée du pistolet), attendaient l'ennemi à la bayonnette (1). »

L'échec essuyé par les Anglo-Corses aboutit à une recrudescence dans le feu de leurs batteries. Le blocus par mer se resserre davantage.

Dans la soirée du 4 floréal (23 avril), les projectiles anglais jettent le désarroi dans le magasin des subsistances militaires et bouleversent complètement la batterie Le Pelletier, dont les brèches sont réparées pendant la nuit.

---

(1) Arch. hist., cart. Corse, lettre datée de Bastia le 1ᵉʳ floréal an II (20 avril 1794). (Pièces et doc., t. II, p. 177.)

Lacombe-Saint-Michel écrit au Comité de salut public une lettre qui résume sa situation et que voici :

« Voilà treize jours, citoyens collègues, que les Anglais nous canonnent et nous bombardent; ils ne laissent pas de tuer et de blesser du monde, surtout depuis une nouvelle batterie qu'ils ont démasquée avant-hier, que nous avons démontée trois fois. Nous leur faisons beaucoup de mal, mais ils en font au côté de la ville qu'ils attaquent; une partie est en cendres. Une chose m'inquiète, c'est que nous manquons de poudre. Ce département a tellement été négligé depuis longtemps que tout y manquait. J'envoie ce soir deux felouques et six gondoles à Gênes pour tâcher de m'en procurer. Nos vivres suivent à peu près la même proportion, parce que, quoique nous ayons une ressource à l'isle de Capraja, nous n'en pouvons avoir qu'au moyen de petites gondoles à rames et qui sont obligées de passer à travers la flotte anglaise. Nous sommes donc à bout de nos munitions et de nos vivres, je dirai aussi de nos soldats. Ces défenseurs de la patrie servent avec un courage remarquable ; ils descendent la garde pour aller au bivouac et ils descendent le bivouac pour monter la garde ; ils sont attaqués toutes les nuits et les passent sous les armes. Ils voudraient foncer à la bayonnette, mais je suis obligé de calmer leur ardeur, à peine de tout perdre. Les ennemis sont retranchés et je ne puis les attaquer qu'avec désavantage. J'ai à combattre l'universalité des Corses, car il n'en marche que contre nous; personne ne vient nous secourir. J'ai à combattre toute la flotte anglaise, et le général Elliot et les émigrés qui se sont échappés de Toulon. Ils déployent contre nous toute leur rage, car ils tirent à boulets rouges ; mais nos braves et habiles canonniers les écrasent; nos soldats servent avec la plus grande distinction et réparent, quels que soient les événements, d'une manière bien éclatante, l'échec qu'ils ont reçu à Fornali.

» Je tiendrai jusqu'au dernier morceau de pain et la dernière livre de poudre. J'aurais pu, à la dernière extrémité, faire une marche forcée sur Calvi en traversant la Corse, mais malheureusement il n'y a guère plus de vivres qu'ici. Il est donc indispensable qu'on nous envoye de prompts secours. Il faut que je défende, avec 1.100 hommes, cinq camps, trois forts extérieurs, sans compter le service ordinaire de la place; aussi sommes-nous excédés de fatigue, et nous attendons avec impatience l'escadre qui, d'après la dernière lettre de Saliceti, a dû sortir de Toulon le 20 germinal. Notre position n'est pas brillante. Environnés de tous nos ennemis, en proie à tous les besoins, nous n'avons pas même un point pour faire une retraite. Cependant nous battons nos ennemis; ils sont repoussés tous les soirs et l'ont été dans une attaque générale (1). »

On le voit, le manque de poudre n'est pas sans préoccuper le représentant. Les vivres aussi se font rares. Depuis le 1er novembre 1793, aucun convoi régulier n'a pu parvenir en Corse. C'est à peine si quelques barques génoises, trompant la surveillance des ennemis, ont pu passer 150 ou 200 quintaux de farine, aussitôt répartis entre la garnison et les habitants qui, les uns et les autres, ont été rationnés. Lacombe-Saint Michel apprend sur ces entrefaites qu'une flotte espagnole, forte de dix-sept voiles, dont sept vaisseaux de 74, navigue dans les eaux de Livourne et est en mesure d'opérer sa jonction avec la flotte britannique. Il craint alors, à bon droit, que la flotte française qui sortira de Toulon ne se heurte à des forces supérieures et il prend le parti de quitter la Corse, autant pour aller retarder le départ de cette flotte que pour se procurer des munitions et des vivres.

« J'ai pensé, écrit-il à ses collègues de l'armée d'Italie, qu'il fallait tout sacrifier pour sauver un échec à la flotte

---

(1) Arch. hist., cart. Corse, lettre datée du 4 floréal an II. (Pièces et doc., t. II, p. 178.)

de la République, l'espoir de la France dans la Méditerranée, et à la conservation de laquelle sont peut-être attachées de brillantes et immortelles destinées.

» En conséquence, ajoute-t-il, en donnant une profonde et juste reconnaissance aux sentiments généreux qui vous faisaient tout sacrifier pour venir à mon secours, je n'ai pas hésité un instant à remplir le rigoureux devoir dont j'étais chargé dans cette occasion : celui de quitter un instant mes braves frères d'armes et une ville qui se couvre de gloire pour aller moi-même arrêter le départ de la flotte française et m'occuper avec vous des moyens partiels, mais célérés, qu'il faut employer et que je suis venu chercher au milieu de mille dangers et peut-être des plus infâmes calomnies (1). »

Le 6 floréal, à nuit close, Lacombe-Saint-Michel, qui n'a mis dans le secret de ses projets que deux ou trois personnes sûres, dont son ami Gentili promu divisionnaire et destiné à le remplacer, quitte Bastia dans une felouque avec le général de brigade Rochon et profite de l'obscurité pour atteindre l'île de Capraja, d'où il repart la nuit suivante pour Gênes.

Le 7 au matin, le général Gentili réunit la garnison et les habitants pour leur lire une proclamation du représentant et leur expliquer les motifs de son départ. A Bastia, la nouvelle de ce départ est assez favorablement accueillie, mais la calomnie passe la mer et fait d'autant plus de mal sur le continent que les événements y sont moins connus.

« Un scélérat nommé Sandreschi, écrit Lacombe-Saint-Michel au Comité de Salut public, est venu répandre dans Gênes que j'étais parti furtivement, en emportant cent mille livres de la caisse militaire, et en se disant fausse-

---

(1) Arch. hist., cart. Corse, lettre datée de Capraja le 8 floréal an II (27 avril 1794). (Pièces et doc., t. II, p. 180.)

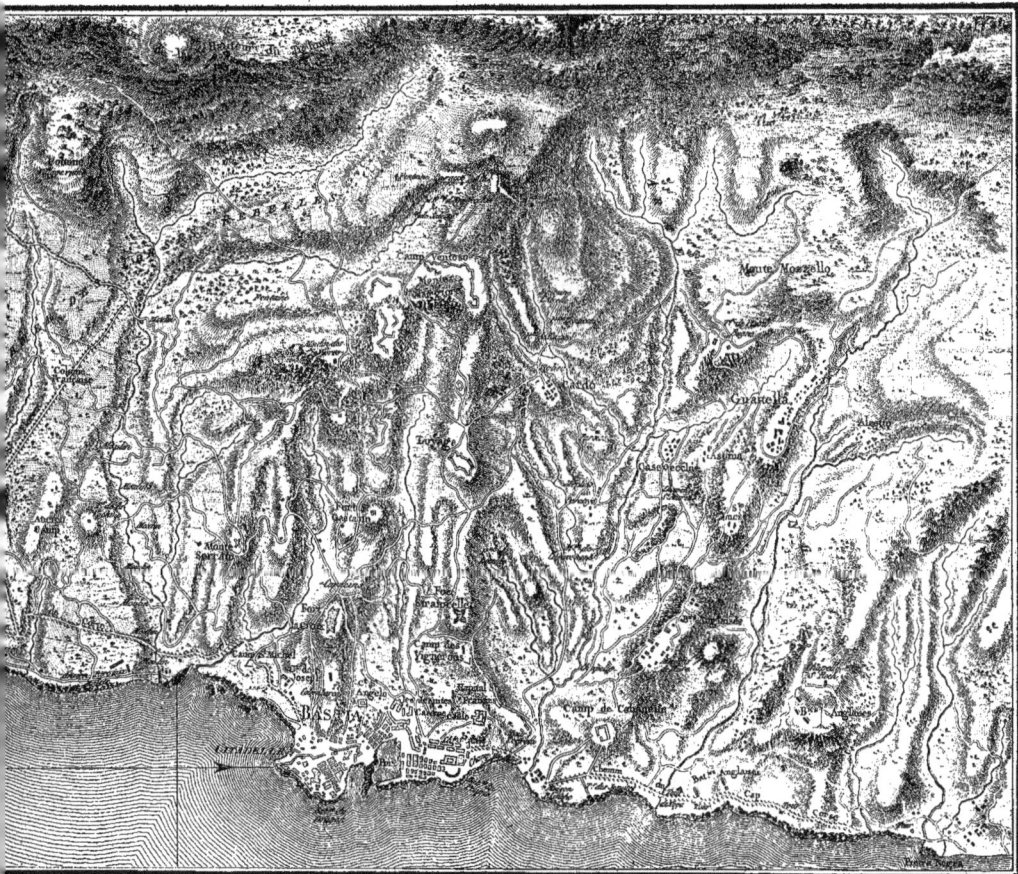

ment envoyé à Saliceti de la part du général de division Gentili. On m'assure que Sandreschi s'est concerté avec les émigrés qui sont ici. J'ai écrit à Saliceti et à Robespierre pour qu'on l'arrête. Si je suis coupable de ce crime, il faut que ma tête tombe; si je suis calomnié, je demande pour lui la peine des calomniateurs. Il me paraît voir, dans cette démarche combinée, les manœuvres des paolistes de Bastia, dont j'ai fait arrêter les chefs; et le Français qui n'a pas été en Corse ne sait à quel point on y distille la calomnie. Je n'aurais pas besoin d'y répondre, et je crois que vous me connaissez trop bien pour craindre que je sois parti sans avoir donné mes ordres à celui qui devait commander, sans en prévenir le premier magistrat du peuple. J'ai fait tout cela ; le général Gentili était chez moi deux heures avant mon départ, et le maire m'accompagna jusqu'au bateau ; et si je n'ay pas publié mon départ, c'est que les Anglais étaient instruits à l'instant de tout ce qui se passait à Bastia. Je vous demande de vous défier de tout rapport, et d'être sûrs que j'ai en main de quoi vous prouver que ma conduite est irréprochable et que la patrie a été tout pour moi (1). »

Saliceti lui-même accuse son collègue : « Il nous avait promis, mande-t-il ironiquement à Robespierre jeune et Ricord, qu'il n'aurait pas capitulé; il a tenu parole (2). »

A Gênes, cependant, Lacombe-Saint-Michel s'occupe activement de réunir des vivres et des munitions. Dès son arrivée, un premier convoi de farine est dirigé sur l'île de

(1) Arch. hist., cart. Corse, lettre datée de Gênes, le 13 floréal an II (2 mai 1794). (Pièces et doc., t. II, p. 186.) L'accusation portée par Sandreschi était d'autant plus absurde que Lacombe-Saint-Michel était précisément d'une scrupuleuse probité; son rapport sur la Corse en fait foi. (Voy. Pièces et doc., t. II, p. 257.)

(2) Arch. hist., cart. Corse, lettre datée du port de la Montagne (Toulon), le 16 floréal an II (5 mai 1794). (Pièces et doc., t. II, p. 191.)
Saliceti, d'ailleurs, ne tarda pas à revenir à une plus juste appréciation de la conduite de Lacombe.

Capraja, qui constitue comme une réserve des approvisionnements de Bastia ; mais les bateaux à rames qui le composent sont pour la plupart interceptés par les navires britanniques. Saliceti obtient enfin, de son côté, l'autorisation tant de fois sollicitée et si souvent promise de porter secours à la Corse. Une note du Comité de Salut public lui prescrit de faire embarquer les troupes disponibles qu'il jugera nécessaires, ainsi que les approvisionnements en subsistances, en armes, en munitions et numéraire qu'il croira indispensables pour la défense de l'île (1). Mais des tergiversations nouvelles, la crainte surtout de compromettre à tout jamais le sort de notre flotte, empêcheront ce secours de partir, et la Corse restera, comme par le passé, livrée à elle-même.

Pendant les journées·des 8 et 9 floréal (27 et 28 avril), la garnison de Bastia s'applique à réparer les dommages de ses batteries. Les *zapajoli* ou vignerons, commandés par le maire Galeazzini, rendent à cette occasion les plus grands services.

Jusqu'au 9 floréal, la flotte britannique a été répartie en deux divisions qui ont été ancrées, l'une au nord de la ville, près de Pietranera, l'autre au midi de la citadelle, à l'embouchure de l'étang de Biguglia. Le vice-amiral Hood, qui la commande, la forme en demi-cercle, à une portée et demie du canon de la place, de manière à intercepter plus sûrement toutes communications avec la haute mer.

Le 11 et les jours suivants, les assiégeants font de nouveaux travaux. Les Anglais construisent une batterie, au lieu dit *Le Mure*, dont le feu est principalement dirigé contre le camp des Capannelles. Ils criblent de leurs boulets les batteries françaises qui ripostent de plus en plus faiblement, dans la crainte de manquer de poudre.

---

(1) Arch. hist., cart. Corse, note datée du 19 floréal an II (8 mai 1794) et signée de Billaud-Varennes, Barère, Carnot, Collot-d'Herbois et Prieur. (Pièces et doc., t. II, p. 192.)

Le 14, un nouveau parlementaire anglais se présente devant Bastia ; le général Gentili le fait éconduire. Le même jour, une frégate anglaise qui s'approche de trop près reçoit quelques boulets qui l'endommagent.

Le 19, les Anglais démasquent une nouvelle batterie, un peu au-dessus de celle qu'ils ont établie au lieu dit *Le Mure*. Leur feu redouble, et se continue sans interruption pendant les jours suivants. L'hôpital de Saint-François n'est pas épargné, malgré le drapeau noir qui le signale.

Le 24 (13 mai), arrive un courrier de Calvi, avec des lettres de France qui promettent des secours, et annoncent certains avantages remportés, sur le continent, par les armées de la République. La garnison de Bastia reprend courage, mais son dénûment est absolu.

Dans la nuit du 25 au 26, le général Gentili fait partir pour la France un certain nombre de malades ; le navire qui les porte est capturé par les Anglais, qui retiennent prisonnier le capitaine et renvoient à Bastia l'équipage et les passagers.

Le 27, à l'occasion de la promotion du vice-amiral Hood au grade d'amiral, plusieurs vaisseaux de l'escadre anglaise font feu de toutes leurs batteries, ce qui vaut à la ville une véritable pluie de boulets. Le même jour, le directeur des fortifications présente au général en chef et au comité de défense un plan d'attaque qui paraît devoir réussir, mais ne peut être exécuté faute de vivres. Pendant la nuit, une gondole arrive de Capraja avec 32 quintaux de farine. Cette petite provision est immédiatement partagée, comme les précédentes, entre la garnison et les habitants, dont la ration de pain n'est plus que de 12 onces. Ce pain lui-même est composé, par parties égales, de farines de blé ou d'orge, de fève et de lupin.

Le 28, le général Gentili assemble chez lui les généraux de brigade Catelan et Feriol, les chefs de brigade Alcher, La Balguerie et Casaltà, les adjudants-généraux Couthand

et Franceschi, le commandant du génie Vital, le commandant Taviel, de l'artillerie, le commissaire ordonnateur des
guerres Gosselin, et le maire de Bastia, Galeazzini. Il leur
expose que, dans la position critique où se trouve la place,
il se propose de les réunir chez lui, deux fois par jour, en
un comité militaire, pour prendre telles déterminations
que les circonstances commanderont.

Dans sa première séance, après avoir réglé la répartition
de quelques vivres, le comité délibère, en conséquence de
la loi qui met en commun toutes les matières, marchandises ou denrées, qu'il sera écrit une lettre à la municipalité « pour l'engager à faire exécuter, dans la nuit prochaine, des visites domiciliaires chez tous les citoyens
aisés, où l'on suppose exister des vivres, afin de les rame-
ner dans un endroit commun, choisi par la commune (1) ».

Le 29, le feu de l'artillerie anglaise va toujours en augmentant; celui des assiégés se soutient à peine. La batterie
de Louaga tire seule, avec un certain succès, sur les villages des rebelles et sur les retranchements des Anglais.
Le même jour, à 7 heures du soir, le comité militaire, dans
sa seconde séance, prend le parti de convoquer un conseil
de guerre pour le lendemain, à l'effet de décider quelles
démarches seront tentées pour faire passer en France les
malades et les blessés de la garnison de Bastia.

Le 30, ce conseil de guerre se réunit à 8 heures du matin.
Il a été composé ainsi qu'il suit :

ÉTAT-MAJOR GÉNÉRAL : *Généraux de brigade.* Catelan, commandant en second; Fériol, commandant de la place.

Adjudants-généraux. Couthand et Franceschi, chefs de
bataillon; Parigny, adjudant de place, capitaine.

---

(1) Archives historiques, carton Corse. Procès-verbaux des séances
du comité militaire de la garnison de Bastia. (Pièces et doc., t. II,
p. 194.)

ARTILLERIE : Perrot, chef de brigade, directeur; Taviel chef de bataillon, sous-directeur.

4e *régiment d'artillerie*. Delaître, capitaine commandant; Georges, lieutenant; Bourgeois, sergent; Delègue, caporal; Robert, artificier; Clément, idem.

GÉNIE : Vital, chef de brigade, directeur; Mellini, capitaine.

GENDARMERIE NATIONALE : Montera, chef d'escadrons; Gentili, capitaine; Bagnani, lieutenant; Jean Barchi, maréchal des logis; Alberti, brigadier; Arrighi, gendarme, remplacé par Noël Burdet; Olmeta, idem.

INFANTERIE : 26e *régiment*. La Balguerie, chef de brigade et commandant; La Martonique, lieutenant-colonel; Nausant, capitaine; Serval, lieutenant; Guise, sous-lieutenant; Le Maire, sergent; d'Angleterre, caporal; Châteauville, fusilier; Auxerre, appointé.

52e *régiment*. Présié, chef de bataillon, commandant; Guasco, capitaine; Menequant, lieutenant; Bérard, sous-lieutenant; Pot-de-Fer, sergent; Choca, caporal; Sansoni, appointé; Le Veille, fusilier.

61e *régiment*. D'Alcher, chef de brigade, commandant; Jeanbart, capitaine; Busserant, lieutenant; Moine, sous-lieutenant; La Reveille, sergent-major; Barbier, caporal; Darsin, appointé; Belle-Rose, grenadier.

2e *bataillon des Bouches-du-Rhône*. Sinetti, chef de bataillon, commandant; Roux, capitaine; Chapuy, lieutenant; Callot, sous-lieutenant; Lati, sergent; Branche d'Or, caporal; Lombard, appointé; Darbèse, fusilier.

1er *bataillon de l'Aveyron*. Vaissier, capitaine commandant; David, capitaine; Fuette, lieutenant; Arderel, sous-lieutenant; Galibert, sergent; Chausse, caporal; Guillaume, appointé; Dutel, fusilier.

1er *bataillon des volontaires corses*. Casalta, chef de brigade, commandant; Giovanni, chef de bataillon; Sébastiani Capellini, capitaine; Raffaelli, lieutenant; Bielacci, sous-lieutenant.

15e bataillon d'infanterie légère. Roccaserra, chef de bataillon, commandant; Casella, capitaine; Biadelli, lieutenant; Mattei, sous-lieutenant; Stella, sergent; Galeani, caporal; Lombard, appointé; Chiavacci, chasseur.

16e bataillon. Colle, chef de bataillon, commandant; Mathieu Gentili, capitaine; Alexandre Moretti, lieutenant; André Amoretti, sous-lieutenant ; Orsantoni, sergent-major; Bonafede, caporal; Moretti, appointé; Février, chasseur.

17e bataillon. Louis Cotti, capitaine commandant; Barboni, capitaine; Santoni, lieutenant; Antoine Lanfranchi, sous-lieutenant; F.-M. Bonelli, sergent; Carlo Leca, caporal; Pietro Cotti, appointé; Ange-François Cotti, fusilier.

18e bataillon de chasseurs. Catoni, commandant; Giovannelli, capitaine; Catoni, lieutenant; Peretti, sous-lieutenant; G. Andrea Pasqualini, sergent; Valle, caporal; Vecchiarini, appointé; Stefanini, chasseur.

Compagnies franches. Landinelli, capitaine; Pietri, lieutenant; Rinesi, sous-lieutenant; Giacomo Saliceti, sergent; G.-B. Ajaccio, caporal; Giuseppe Maria, fusilier; Giuseppe Bianchi, appointé.

Bataillon des sans-culottes de la marine. Allemand, commandant la *Flèche* et chef de bataillon; Bassier, capitaine; Mauné, lieutenant; Gaspart, sous-lieutenant; Buffier, sergent-major; Roche, caporal; Dupray, appointé; Madeleine, appointé.

Corps administratifs militaires. Gosselin, commissaire, faisant fonctions d'ordonnateur; Regnier du Tillet, administrateur en chef de la marine.

Corps administratifs civils : *Département.* Monti, président; Orbecchi-Pietri, membre.

District. Bozio, président; Stefanini, agent national.

Municipalité. Galeazzini, maire; Gentile, faisant fonctions de procureur de la commune (1).

Le général Gentili expose au conseil que le but de sa première convocation est de décider, s'il y a lieu, d'envoyer demander, par un parlementaire, un passeport pour les malades et les blessés.

Il ajoute que l'amiral anglais paraît disposé à l'accorder, et le conseil, après une courte délibération, arrête à l'unanimité qu'il sera fait une démarche dans ce sens.

Dans l'après-midi, à 3 heures, le comité militaire se réunit et approuve la rédaction de la lettre suivante destinée à l'amiral Hood :

> Amiral,
>
> Il existe dans cette place plusieurs officiers, sous-officiers, soldats ou marins qui se trouvent blessés ou mutilés par une suite inévitable de la guerre actuelle. Plusieurs d'entr'eux ont besoin de passer dans le continent pour prendre les eaux thermales et d'autres pour y trouver les remèdes qui manquent ici. Le sort des premiers est d'autant plus pressant, que s'ils tardaient de prendre les eaux, leur mauvais état se prolongerait pour longtemps. La garnison de cette place a pensé que la nation anglaise n'avait pas oublié les actes d'humanité qui se communiquent entre toutes les parties du corps social. En conséquence, prenant le plus grand et le plus vif intérêt au sort des généreux défenseurs de la patrie, elle m'a chargé, dans un conseil de guerre, de vous demander un passe-avant pour que tous ces blessés puissent passer à Nice ou à Antibes, sans être arrêtés ou molestés par vos vaisseaux.
>
> Ils sont au nombre de cinquante environ, et je vous enverrai l'état, si vous acquiescez à ma demande.
>
> Salut.
>
> *Le général divisonnaire commandant en chef l'armée de la République française en Corse,*
>
> GENTILI.

Pendant qu'on délibère sur les moyens d'envoyer cette lettre, un membre annonce que l'on aperçoit un parlementaire anglais qui arrive à l'entrée du port. Le comité décide

---

(1) Arch. hist., cart. Corse, Procès-verbaux des séances du conseil de guerre de la garnison de Bastia. (Pièces et doc., t. II, p. 203 et suiv.)

qu'on recevra les dépêches dont il peut être porteur, et les chefs de bataillon Taviel et Sinetti sont désignés pour aller les prendre. A leur retour, ils déposent sur le bureau, à l'adresse du commandant de la garnison et de la municipalité de Bastia, une lettre qui est ainsi conçue :

A bord de la Victoire, du 19 mai 1794.

Messieurs,

Quoique je sois très parfaitement convaincu de l'état de détresse dans lequel la garnison de Bastia est réduite, mais en considération de la défense la plus valeureuse qu'elle a faite, et pour prouver les principes d'humanité qui ont toujours guidé les officiers anglais, je suis disposé à vous accorder des termes. Alors, si vous voulez envoyer deux ou trois officiers dûment autorisés de traiter, je fournirai le même nombre des miens pour faire une capitulation qui 'sera conclue immédiatement, aussi honorable pour la garnison qu'il sera possible de le faire raisonnablement.

J'ai l'honneur d'être, avec très grande considération, Messieurs, votre, etc.

HOOD.

Le comité répond, séance tenante, par la lettre que voici :

Le général divisionnaire, commandant en chef l'armée de la République française en Corse, et le maire de la ville de Bastia, à lord Hood, amiral du roi de la Grande-Bretagne.

Monsieur,

Nous venons de recevoir la lettre que vous nous avez fait l'honneur de nous écrire aujourd'hui. Comme elle regarde l'honneur et les intérêts les plus chers de la garnison et de la ville, qui ne peuvent pas être séparés, nous allons convoquer demain un conseil de guerre auquel assistera le conseil général de la commune et les autres corps administratifs, comme le prescrivent nos lois. Nous leur communiquerons votre lettre et nous aurons soin de vous envoyer la réponse qu'ils auront décidée.

GENTILI, GALEAZZINI.

Le chef de brigade Casalta, les chefs de bataillon Sinetti et Couthand et les lieutenants Moli et Jova, se rendent à bord du vaisseau-amiral anglais pour remettre cette lettre et celle relative aux blessés.

Le lendemain, 1er prairial (20 mai), à 10 heures du matin, le conseil de guerre est convoqué dans l'ancienne église des Doctrinaires. Le général Gentili le met au courant de la correspondance qui a été échangée depuis la veille, et propose la question suivante : « Entamera-t-on une négociation avec l'amiral ? »

L'agent national Stefanini et le citoyen Orbecchi-Pietri, font observer qu'avant d'entrer en négociation avec l'ennemi, ce qui tendrait à contracter une capitulation, il est indispensable de constater l'état de la place pour reconnaître si le commandant se trouve dans un des cas prévus par la loi du 26 juillet 1792 concernant les places fortes, et le mode de les conserver.

On décide qu'une commission de six membres sera chargée immédiatement de faire cette constatation, et les citoyens Perrot, Casoni, Marquois, Monti, Stefanini et Galeazzini quittent la salle pour l'accomplir. Quelques minutes après, le commissaire ordonnateur Gosselin, sur leur avis, fait une réponse affirmative. La question du général est alors mise aux voix et adoptée à l'unanimité, à la suite de considérants que le procès-verbal résume ainsi :

« Le conseil de guerre,

Profondément affligé que la disette absolue des subsistances ne permette plus à la garnison et aux habitants de prolonger une défense qu'ils ont soutenue si vigoureusement depuis onze mois de blocus, cinquante jours de siège par mer et par terre, et quarante de bombardement dans une place ouverte ;

« Considérant que les secours du continent annoncés depuis longtemps n'arrivent pas et qu'il n'est plus possible d'espérer des provisions de l'étranger, les passages étant exactement fermés par mer et par terre, et nos bateaux interceptés ; que la garnison a été réduite successivement à douze onces d'un mauvais pain pour la plus grande partie de fèves et de lupins ;

« Considérant, enfin, qu'il ne lui est plus permis de différer de prendre les mesures propres à conserver à la République des défenseurs et des habitants qui ont tout sacrifié pour lui rester fidèles ;

» Arrête, etc. »

On vote ensuite pour la constitution d'un comité qui sera chargé de préparer les articles d'une capitulation, et les citoyens Couthand, Vital, Taviel, la Martonie, Alcher, Gossancourt, Casella, Colle, Cotti, Sinetti, Catoni, Gentili, Landinelli, Giovanni, Galeazzini, Stefanini, Monti, La Bassière, Vaissier, Du Tillet et Gosselin, désignés pour en faire partie, rédigent un projet qui, dans une seconde séance tenue le même jour, à 5 heures du soir, est adopté dans les formes suivantes :

« **Projet de capitulation entre la garnison et les habitants de Bastia et l'amiral Hood pour le gouvernement britannique.**

» Les républicains français abandonneront la place de Bastia aux troupes britanniques aux conditions suivantes :

» Art. 1er. La garnison sortira avec tous les honneurs de la guerre, ainsi que tout ce qui tient au militaire.

» Art. 2. La garnison s'embarquera dans le plus court délai possible après la signature des présents articles au grand môle de ce port précédée de son artillerie de bataille, avec armes et bagages, tambours battants, mèches allumées par les deux bouts, drapeaux déployés, pour être transportés directement au port de Montagne et non ailleurs.

» Art. 3. Toutes les munitions quelconques, pièces d'artillerie, mobilier militaire, et tout ce qui compose et fait partie de l'armée, tant de terre que de mer, sera également ment transporté au port de la Montagne.

» Art. 4. La corvette *la Flèche* sera équipée en flûte pour servir au transport de la garnison et des citoyens qui voudraient la suivre ainsi que le pinque *la Marie-Victoire* et celui chargé de bois de construction qui sont actuellement à la disposition de l'administration de la marine, seront employés au transport, mais ceux-ci n'étant pas suffisants il en sera fourni par l'amiral le nombre nécessaire. Quatre d'y ceux ne seront pas visités. Les dits corvette et pinque chargés de bois de construction seront conservés à la République.

» Art. 5. Les malades qui ne pourront souffrir le transport resteront dans l'un des hôpitaux qu'ils occupent, soignés aux frais de la République par les officiers de santé qui seront désignés, sous la surveillance d'un commissaire des guerres, et lorsqu'ils seront en état de supporter le voyage, il leur sera fourni des bâtiments pour leur transport par le commandant anglais.

» Art. 6. Les membres des corps constitués et toutes personnes attachées au service de la République, sous quelque dénomination que ce puisse être, ou pensionnés, participeront à la capitulation militaire et jouiront des mêmes conditions.

» Art. 7. Tous les papiers concernant toute espèce de comptabilité, ceux de l'artillerie, du génie, de la marine, du greffe militaire et de la caisse du payeur général de la guerre, tant de cette place que de toutes autres, seront transportés en France. Il en sera de même de tous les papiers et plans du terrier, ainsi que de ceux de l'ancienne et nouvelle administration civile, militaire et communale.

» Art. 8. Les habitants des deux sexes actuellement en cette ville ou y réfugiés auront leur vie, leur honneur et leurs propriétés sauvés et garantis avec la liberté de se retirer quand et où bon leur semblera avec leurs ménage, meubles, effets et marchandises, et la facilité de disposer de leurs immeubles et d'en jouir par leur fondé de procuration.

» Art. 9. Pour assurer et maintenir l'ordre et la tranquillité publique, les habitants de Bastia qui voudront y rester conserveront leurs armes et nulle troupe ou gens armés, hors celle du gouvernement britannique, ne pourra, en aucun cas, y être introduite.

» Art. 10. La commune en général, ni aucun individu ou particulier ne seront soumis à une taxe ou contributions quelconques à raison des événements qui ont précédé ou accompagné le siège.

» Art. 11. Nul ne pourra être inquiété pour ses opinions politiques ou religieuses, ni pour ce qu'il aura dit avant ou pendant le siège.

» Art. 12. Les habitants ne seront assujettis au logement des gens de guerre. Ils ne pourront être obligés à aucun service ni corvée militaire.

» Art. 13. Les monnaies actuelles de la République, notamment les assignats, continueront d'avoir leur cours.

» Art. 14. Les domaines nationaux vendus conformément aux lois existantes seront conservés aux acquéreurs. Les baux des biens nationaux invendus, passés jusqu'à ce jour, seront maintenus.

» Art. 15. La commune sera maintenue dans la jouissance des meubles ou immeubles qui lui appartiennent. Il en sera de même de ceux de l'hôpital de la ville.

» Art. 16. Les déserteurs ne seront réclamés ni de part ni d'autre.

» Art. 17. Les prisonniers qui ont été pris depuis le siège seront mis en liberté et auront la faculté de se retirer à Bastia ou en France. Ceux qui ont été faits depuis le commencement de la guerre et qui ont été livrés aux Corses, seront réunis à ceux qui ont été faits à Fornali pour être échangés lorsqu'il y aura lieu.

» Art. 18. Il sera fourni les passeports nécessaires à deux felouques pour se rendre immédiatement après la signature de la capitulation, une à Calvi et l'autre au Port de la

Montagne, pour y porter les dépêches du général de division Gentili.

» Art. 19. S'il survient quelque difficulté dans les termes ou conditions de la capitulation, elle sera, dans tous les cas, interprétée en faveur de la garnison, des habitants de Bastia et des réfugiés.

» Art. 20. Le gouvernement britannique sera le seul garant de la présente capitulation.

» Fait au conseil de guerre en présence et du consentement des corps administratifs, le 1er prairial, l'an second de la République française. »

Dans la journée du 2 prairial, les divers articles de ce projet sont discutés par l'amiral Hood. Les commissaires français Etienne Monti, Jean-Baptiste Galeazzini, Charles-François-Emmanuel Couthand et Jean-Baptiste Franceschi demandent, en outre, comme suite à une proposition qui a été faite le matin même par le capitaine Cotti, du 17e bataillon, que les familles de delà des monts, dont les chefs se sont réfugiés à Bastia, soient comprises dans l'article 8 de la capitulation, ainsi que celles des fonctionnaires publics retirés dans la même ville; cette faveur leur est accordée.

Dans la soirée, le chef de l'escadre britannique fait connaître sa réponse en marge du projet : les articles 1, 5, 6, 8, 10, 11, 15, 16 et 20 sont acceptés sans aucune modification; l'article 3 est refusé; les autres articles sont acceptés, mais avec les restrictions suivantes :

« Art. 2. En considération de la brave défense qu'elle a faite, la garnison marchera au grand môle précédée par deux pièces de campagne, leurs armes, bagages, etc., et elle mettra bas ses armes à l'endroit indiqué pour leur embarquement. Elle sera transportée le plus tôt possible au Port de la Montagne (Toulon).

» Art. 4. Les troupes de la garnison et les citoyens qui désireront de partir seront conduits à Toulon (au Port de la Montagne), sur des bâtiments destinés par Son Eminence le commandant en chef. La corvette française *la Flèche*, les bâtiments qui sont dans le port, doivent être consignés aux officiers de Sa Majesté Britannique. Les bâtiments de pêche étant nécessaires à la subsistance des habitants, resteront en leur possession, pourvu qu'ils en prouvent la propriété. Le surplus de cet article ne peut pas être admis.

» Art. 7. Accordé, à l'exception des papiers qui sont nécessaires pour la sûreté des propriétés ; les archives et les autres papiers publics et les plans de l'île resteront, mais on pourra en prendre copie.

» Art. 9. — Le gouvernement anglais aura soin d'empêcher qu'aucun homme armé s'introduise dans la ville de manière à pouvoir donner aux habitants sujet d'inquiétude ou appréhension.

» Art. 12. La troupe ne sera pas logée dans les maisons des habitants, à moins de nécessité absolue.

» Art. 13. La monnaie française et les assignats auront cours, mais nul ne sera contraint de les prendre.

» Art. 14. Nous ne nous croyons pas autorisés à décider sur cet article. L'on doit en remettre la décision à Sa Majesté Britannique. Les acquéreurs auront la possession des domaines nationaux jusqu'à ce qu'on connaisse l'intention de Sa Majesté, et tous les baux passés précédemment jusqu'à l'arrivée de la flotte anglaise à Saint-Florent seront valables.

» Art. 18. Accordé pour ce qui concerne Toulon ou Port de la Montagne ; refusé pour Calvi.

» Art. 19. S'il survient quelque difficulté sur l'interprétation de cette capitulation, elle sera décidée avec la plus exacte justice par les deux parties. »

Deux articles additionnels sont ajoutés par les Anglais :

« Article 1er. Tous les postes et forts extérieurs et les postes de la citadelle seront abandonnés aux troupes de Sa Majesté Britannique, demain à 12 heures. Les troupes qui se trouvent dans les forts ou postes extérieurs, se retireront dans la citadelle, d'où elles marcheront, le lendemain à 10 heures, au lieu qui sera désigné pour chaque corps par les trois commissaires qui ont signé la présente capitulation. Elles laisseront leurs armes au lieu de leur embarquement.

» Les commissaires de l'artillerie et de l'arsenal resteront dans la citadelle pour faire l'inventaire de toutes les pièces d'artillerie, munitions et leurs agrès, et il sera nommé des officiers pour reconnaître les mines et apparaux de toute espèce.

» Art. 2. La ville de Bastia, la citadelle et tous les forts et ouvrages extérieurs, et tout ce qui s'y trouve, qui ne serait point propriété privée de la garnison présente, ainsi que les vaisseaux de guerre et tous bâtiments qui se trouvent dans le port, seront consignés à Sa Majesté Britannique dans l'état actuel où ils se trouvent, sans aucune détérioration de batteries, mines, artilleries, magasins, munitions de bouche ou de guerre ou agrès, de quelque espèce qu'ils soient (1). »

Le 4 prairial, la capitulation devient définitive, et la ville n'ayant plus de pain, le général Gentili en fait demander à l'amiral anglais.

Le 5, les troupes de la garnison de Bastia sortent avec les honneurs de la guerre et passent à bord de l'escadre britannique, en attendant l'arrivée des transports (2). Les

---

(1) Archives historiques, cartons corses. Articles de la capitulation de Bastia. (Pièces et documents, t. II, p. 212 et suivantes.) Les commissaires anglais étaient le vice-amiral Goodall, le capitaine Young, du vaisseau *la Fortitude*, le capitaine Inglefield, adjudant général de l'escadre, et John Marc Arthur, secrétaire de l'amiral Hood.

(2) L'état suivant des bouches à feu existant dans la place de Bastia fut dressé par le général Gentili, le 24 prairial an II. Il renseigne sur le nombre des postes occupés et permet de se rendre compte du peu de matériel dont disposait la garnison : « Rempart de la citadelle : 9 canons de 24, tous en fer; 1 de 18, 4 de 12, dont 1 hors de service, 1 mortier de 12 pouces, en fonte. — Batterie du Donjon : 2 canons de 12 en

Anglais entrent dans la ville et Paoli lance un manifeste principalement dirigé contre la République de Gênes, dont il n'a rien oublié des rigueurs passées (1).

---

fer : 1 canon de 8 en fonte, 4 canons de 4 campagne, en fonte, 4 canons de 1, en fonte. — Cour du château : 1 canon de 4 campagne, en fonte ; 3 canons de 1 campagne, en fonte. — Magasin du Donjon : 1 canon de 1, en fonte. — Parc aux boulets : 2 pierriers de 15 pouces, en fonte. — Sainte-Marie ; 1 pierrier de 15 pouces, en fonte. — Arsenal : 1 canon de 12, en fer ; 2 canons de 4 campagne, en fonte ; 2 canons de 1 campagne, en fonte. — Porte de la Citadelle : 1 canon de 4, en fer. — Batterie dite Le Pelletier : 3 canons de 24, en fer ; 2 canons de 18 en fer ; 1 canon de 12, en fer ; 1 mortier de 12 pouces, en fonte ; un obusier de 6 pouces, en fonte. — Batterie des Capannelle : 1 canon de 8 campagne, en fonte ; 2 canons de 4 campagne, en fonte. — Tour de Fango : 1 canon de 6, en fer, de la marine. — Batterie de S.-François : 1 canon de 12, en fer ; 1 canon de 6 en fer, de la marine. — Batterie des vignerons (avec une troisième batterie masquée) : 2 canons de 11, en fer ; 1 canon de 1 campagne, en fonte ; 1 mortier de 12 pouces, en fonte, auquel on a remis un grain ; 1 obusier de 6 pouces, en fonte. — Fort de Straforello (avec une batterie masquée) : 2 canons de 18, l'un en fonte, l'autre en fer ; 2 canons de 3, en fer, provenant de la marine ; 2 canons de 2, en fer, provenant de la marine ; 2 espingoles, provenant de la marine. — Batterie de Lovaga : 1 canon de 12, en fer ; 1 canon de 8 campagne, en fonte ; 1 canon de 1 campagne, en fonte ; 1 mortier de 12 pouces, en fonte crevé après y avoir remis un grain. — Batterie de Monte Maggiore : 1 canon de 1, en fonte ; un canon de 4 campagne, en fonte. — Fort de Monserrato : 1 canon de 4 campagne, en fonte ; 1 canon de 1 campagne, en fonte. — Batterie de la Croix... (Les détails manquent). — Batterie de la Tourette : 1 canon de 18, en fer. — Batterie du Camp vert : 1 canon de 18, en fer, de la marine ; 4 canons de 6, idem ; 1 canon de 4 campagne, en fonte ; 1 canon de campagne, en fonte. — Batterie au-dessous du Camp vert : 2 obusiers de 6 pouces, en fonte. » — (Archives historiques, cartons corses. Pièces et documents, t. II, p. 266.)

(1) Arch. hist., cartons Corse. Copie sans signature. (Pièces et documents, t. II, p. 228.) « Dès la reprise de Bastia, a dit M. l'abbé Letteron, Paoli aurait considéré la Corse comme redevenue indépendante (sans doute sous le protectorat anglais), et aurait cru que son passé et la sympathie toujours aussi vive de ses compatriotes pour sa personne lui donnaient le droit de se déclarer par avance encore une fois le chef de l'île. Renucci (vol. II, p. 43) raconte que c'étaient bien là les intentions que l'on prêtait à Paoli et que, si elles ne furent pas suivies d'effet, c'est que Pozzo di Borgo se concerta avec Elliot pour les contrarier, ce qui amena entre Pozzo di Borgo et Paoli un refroidissement d'abord, puis une brouille définitive. » Le manifeste de Paoli contenait le passage suivant, qui est suffisamment caractéristique : « Nous vous

Le 6, l'amiral anglais, à la suite de pressantes réclamations du général Gentili, délivre un passeport qui permet de dépêcher en France un aviso portant la nouvelle de la capitulation de Bastia. Cet aviso, retenu par le vent, ne peut mettre à la voile que le 8, et le même jour, une partie de la garnison passe sur les transports. Volontairement ou non, les Anglais ne disposent pas d'un nombre de bâtiments suffisant pour convoyer tous les Français, ce qui oblige le commissaire ordonnateur des guerres Gosselin à fréter, au compte de la République, une petite flottille surtout destinée à prendre les habitants qui veulent quitter Bastia pour se soustraire aux vexations dont les Corses rebelles les menacent.

Dans la nuit du 9 au 10, le général Gentili et son état-major font voile pour la France ; ils sont retenus à l'île de Capraja par le mauvais temps, et ne peuvent continuer leur route que le 12. Les autres bâtiments quittent Bastia successivement, et arrivent à destination du 14 au 20 prairial (2 au 7 juin).

Le général Gentili écrit au comité de salut public pour lui rendre compte des causes qui l'ont amené à capituler.

« Ce n'est, dit-il, en parlant de Bastia, ni un effort de bravoure, ni la suite d'un courage éprouvé qui a fait passer cette place au pouvoir de nos ennemis. Ils ne la doivent qu'au manque absolu de vivres où nous nous sommes trouvés après un siège de 48 jours et un feu très vif de 40. Ils n'avaient pas gagné un pouce de terrain, et nos soldats républicains, pleins d'ardeur, les auraient battus complètement, s'ils eussent été attaqués ; mais ayant

---

invitons à armer en course vos bâtiments pour vous emparer de tous ceux des Génois, de toutes les marchandises qui leur appartiennent sur les bâtiments des nations étrangères, les faire prisonniers et les conduire dans cette isle pour être employés à la culture des terres, que l'avarice et la barbarie de leur gouvernement rendirent autrefois incultes, *ou enfin pour être vendus, s'il le faut, aux corsaires africains.* »

réussi par un blocus à nous couper la communication par mer, nous n'avons pu recevoir les subsistances que l'on nous envoyait du continent. Capraja était le lieu d'entrepôt ; j'y avais expédié à plusieurs reprises des petits bâtiments. Tous ont tombé au pouvoir de l'ennemi, et le soldat a été obligé de vivre pendant les huit derniers jours avec douze onces de pain par jour, sans vin. Encore ce pain était composé en grande partie d'une mauvaise qualité de légumes appelée *lupins*, dont le mélange avec le froment est très difficile.

» Je ne pourrais, citoyens représentants, trop amplement vous manifester, ajoute-t-il, les éloges que méritent les défenseurs de la patrie qui étaient à Bastia et les habitants de cette ville. Les uns et les autres ne formaient qu'une seule famille, tous occupés à combattre les ennemis, à garder les postes extérieurs, à travailler les batteries, à servir leur feu.

» Le soldat a souffert avec une honorable indifférence toutes sortes de privations ; manquant presque entièrement d'habillements, réduit à très peu de chose pour la subsistance, bivouaquant depuis 48 jours, soutenant un feu sans discontinuation, jamais il ne s'en est plaint ; l'habitant voyait avec une égale froideur la ruine de ses propriétés et les horreurs d'un siège meurtrier ; réunis à nous pour le salut commun, je puis vous assurer que, par leur conduite, ils ont avec la garnison bien mérité de la patrie (1). »

---

(1) Arch. hist. cart. Corse. Lettre datée de Toulon le 14 prairial an II (2 juin 1794). (Pièces et doc. t. II, p. 227.) Au cours du siège, le représentant Lacombe-Saint-Michel fit diverses nominations et promotions dont il a indiqué les principales dans un état qui est ainsi conçu :

« *Récapitulation des citoyens à qui j'ai cru devoir accorder de l'avancement, et grades auxquels ils ont été promus.*

» Catclan, ci-devant colonel directeur de l'artillerie en Corse, fait général de brigade, le 26 frimaire ; Rochon, ci-devant colonel du 26ᵉ ré-

Lacombe-Saint-Michel rend également justice à la garnison de Bastia, dont la courageuse attitude a préservé, selon lui, les départements méridionaux de la famine, en retenant dans les eaux corses les navires anglais qui eussent intercepté, sans cela, les approvisionnements dont ces départements ont vécu (1).

giment, fait général de brigade, le 26 frimaire ; Féréol, ci-devant chef de bataillon au premier bataillon des Bouches-du-Rhône et commandant de la ville de Bastia, fait général de brigade le 1er floréal ; Couthand, adjudant général, chef de bataillon nommé par Saliceti, Gasparin et moi, le 15 septembre 1793 (vieux style) ; Alcher, ci-devant chef de bataillon dans le 61e régiment, fait chef de brigade le 1er floréal ; Taviel, ci-devant capitaine au 4e régiment d'artillerie, fait chef de bataillon sous-directeur en Corse, le 1er octobre 1793 ; Dalous, ci-devant capitaine au 3e régiment de marine, fait adjudant général le 1er novembre 1793 (vieux style) ; Montera, ci-devant capitaine de la gendarmerie, chef d'escadron en Corse ; Villentrois, ci-devant capitaine au 4e régiment d'artillerie, chef de bataillon le 26 pluviôse ; Moydier, ci-devant capitaine du génie, chef de bataillon du même corps ; Casalta, premier chef de son bataillon, fait chef de brigade le 1er floréal ; Franceschi, capitaine au 16e bataillon d'infanterie légère, adjudant général le 1er ventôse ; Bonelli, ci-devant capitaine de garde nationale, chef de bataillon au 16e d'infanterie légère, le 1er ventôse ; Lapisse, capitaine au 16e bataillon d'infanterie légère, fait aide de camp chef de bataillon du général de division Gentili; Cauro, remplaçant Montera à la compagnie, le 26 frimaire ; Soynes, ci-devant lieutenant de grenadiers au 26e, fait capitaine de la même compagnie le 13 frimaire ; Baylin, ci-devant capitaine au 61e, passé au bataillon de l'Aveyron, même qualité, le 12 nivôse ; Deltel, ci-devant sergent-major de grenadiers au 61e régiment, passé adjudant-major au 1er de l'Aveyron, le 12 nivôse; Savy, ci-devant capitaine de grenadiers au 26e, fait commissaire des guerres le 13 frimaire ; Boette, ci-devant adjudant sous-officier au 26e, fait lieutenant le 1er germinal ; Charles, ci-devant sergent-major au 4e régiment d'artillerie, fait second lieutenant le 6 frimaire ; Perrot, lieutenant-colonel d'artillerie, fait chef de brigade directeur en Corse, le 1er floréal ; Carpentier, ci-devant garde général d'artillerie en Corse, fait lieutenant, gardant sa place, le 1er floréal ; Gentili, ci-devant général de brigade, employé en Corse, fait général de division commandant en chef dans l'isle, le 5 floréal. » (Pièces en doc., t. II, p. 264.)

(1) A la date du 15 juin 1794, l'effectif des troupes rapatriées de la garnison de Bastia était de 1.776 hommes qui, pour la plupart, étaient malades ou fatigués. On comptait : 20 hommes du 15e de ligne (garnison des Vaisseaux), 214 du 26e, 437 du 52e, 443 du 61e, 126 du 1er bataillon de l'Aveyron, 273 du 2e bataillon des Bouches-du-Rhône, 74 du 16e bataillon d'infanterie légère corse, 37 du 17e bataillon et 52 du 18e bataillon. (Arch. hist., cart. Corse.)

« Quelques soins que je me sois donnés, dit-il, les approvisionnements que j'avais envoyés de Gênes ne sont pas
parvenus. La garnison, après avoir tenu 26 jours après
mon départ, a capitulé le 3 prairial ; elle a tenu, ainsi que
je l'avais annoncé, jusqu'au dernier morceau de pain, et
jusqu'à la dernière livre de poudre. Quand la garnison
a rendu la place, il ne restait que pour 24 heures de vivres. Les troupes passent en France sans être prison-
nières ; les différentes administrations ont la liberté d'emporter tous les papiers relatifs à la comptabilité ; les
familles réfugiées ont été transportées en France ; la garnison a obtenu les honneurs de la guerre. Elle ne pouvait
pas davantage, et je dois rendre justice aux troupes, elles
se sont conduites avec beaucoup de bravoure et de patience ; elles ont supporté avec dévouement les fatigues
du siège et les privations qui en ont été la suite. Et si
quelques-unes d'elles ont éprouvé à Fornali un moment
de faiblesse, elles l'ont parfaitement réparé à Bastia, pendant un siège de plus de quatre décades, pendant lequel
nous avons été canonnés et bombardés nuit et jour, dans
une place qui n'est susceptible d'aucune défense par terre
et où nous n'avons tenu si longtemps que parce que, malgré la faiblesse de nos moyens, nous avons fait la guerre
extérieure (1). »

---

(1) Arch. hist., cart. Corse. Rapport de Lacombe-Saint-Michel.
(Pièces et doc., t. II, p. 255.) Après la capitulation de Bastia, Paoli
réunit à Corte une assemblée générale qui décrète, le 19 juin, une constitution du royaume de Corse. C'est le commencement de la domina-
tion anglaise sous la vice-royauté de Georges Elliot.

Siège de Calvi (1).

Après la prise de Bastia, les Anglo-Paolistes, qui jusque-là ont négligé Calvi, dirigent tous leurs efforts contre cette place.

La ville est en partie bâtie sur un rocher qui s'avance dans la mer ; elle est assez bien fortifiée, mais elle est dominée, de toutes parts, du côté de la terre, par des hauteurs rapprochées d'où elle peut être battue par des mortiers et les dehors offrent une quantité de points qui sont pris d'enfilade les uns par les autres.

« Un tel état de choses, dit le général Casabianca, mène ordinairement à une guerre de postes, toujours très meurtrière et très opiniâtre, par l'alternative perpétuelle des pertes et des succès, en sorte que, tantôt battants, tantôt battus, on peut très bien, pour préliminaires seulement, y. perdre la moitié et plus de la garnison sans être plus assurés d'interdire à l'ennemi les approches de la place.

» Le seul moyen de sortir de ces embarras avec avantage

---

(1) On possède, sur le siège de Calvi, deux documents importants dont je me suis surtout servi pour la rédaction de ce qui va suivre. Ces deux documents sont : le « *Journal du siège de Calvi et capitulation du 2 juin au 15 avril 1794, an II de la République française, rédigé par Barthélemy Arena, commissaire de la représentation nationale* », et la « *Note relative au siège de Calvi, en Corse, rendu après trente-huit jours de défense par capitulation honorable arrêtée le 23 thermidor, l'an II de la République française, entre le général division-naire Raphaël Casabianca, commandant en chef les armées françaises, et sir Stuart, lieutenant des armées anglaises* ». L'original du premier document est à la chefferie de Calvi ; le second, écrit de la main du général P. Gaultier, d'après la rédaction de Casabianca, est conservé aux Archives historiques du dépôt de la guerre.

eût été de garder les hauteurs qui dominent la ville avec
d'assez forts détachements pour empêcher l'ennemi d'y
établir des batteries, mais nous n'avions pas le quart du

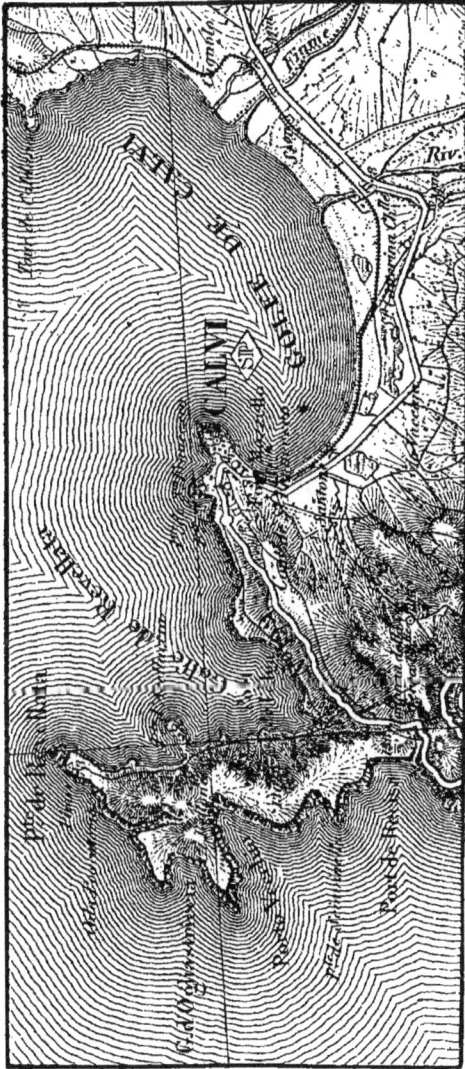

monde qu'il nous eût fallu, et notre garnison se ressentait
déjà des maladies qui emportent beaucoup de monde à

Calvi tous les étés, soit à cause du marais qui l'avoisine, soit par l'insalubrité naturelle de l'air. La supériorité que la ruine de notre marine au Port de la Montagne (Toulon) avait donnée pour le moment aux Anglais et Espagnols réunis dans ces parages ne nous permettait pas de compter sur de grands ni de prompts secours de la France, quoiqu'on ne cessât de nous en promettre ; nous ne devions guère compter que sur nos propres ressources. Elles étaient extrêmement faibles. Ces réflexions nous portèrent à chercher de bonne heure les moyens d'opposer aux ennemis la résistance la plus vigoureuse que pût nous permettre la situation des lieux combinée avec la force de la garnison.

» Pour remplir cet objet, aux premiers avis qui nous parvinrent que les Anglais et les Corses rebelles avaient dessein de venir se porter dans le territoire de Calvi pour y attaquer les ouvrages avancés et postes détachés de la place, nous rassemblâmes le 3 germinal (23 mars) un conseil de guerre où il fut nommé des commissaires chargés de faire une visite exacte sur tous les points dont l'ennemi pourrait tirer avantage, et de dresser un rapport détaillé de leurs opérations. Il résulte de ce rapport que le débarquement et le transport de l'artillerie ennemie, jugés impossibles dans quelques endroits, ne l'étaient pas dans d'autres, et toujours parce que la garnison était beaucoup trop faible pour pouvoir garder les hauteurs et nombre d'autres points intermédiaires fort importants, mais trop subordonnés les uns aux autres. Il fut convenu que, puisqu'on ne pouvait empêcher les débarquements et les transports de l'artillerie ennemie, il fallait, au lieu d'exténuer les forces en les subdivisant trop, simplifier, analyser et réparer le plus possible le système de défense de la place pour faire regagner aux troupes par leur ensemble, leur consistance et des positions bien ménagées, ce qu'elles perdaient du côté du nombre.

» Le temps qui s'écoula entre cette époque et les premiè-

res attaques fut employé sans relâche à mettre la ville et
ses avenues dans le meilleur état de résistance possible,
soit en augmentant le volume de ses forces, soit en cons-
truisant des ouvrages extérieurs que son feu pût protéger.
A cet effet, nous désarmâmes la frégate *la Melpomène* en
entier, et *la Mignonne* en partie. Nous plaçâmes les canons
de 18 de la première dans la place et les dehors, en sorte
qu'en économisant bien nos ressources, nous parvînmes à
nous procurer quatre ouvrages avancés sous la protection
de la place dans environ 1.600 toises de terrain. Les postes
étaient : Cesco, le fort Mozzello, la batterie dite des Sans-
Culottes, et une autre, dite pour lors Marat (1). Nous for-
mâmes aussi un camp volant de 80 hommes pris sur tous
les corps de la garnison, soit français, soit corses, pour les
opposer jour et nuit aux fusillades et aux petites escar-
mouches et incursions des ennemis, éclairer leurs mouvements, et secourir de suite nos avant-postes en cas d'attaque imprévue. Cette petite troupe nous fut fort utile, mais
comme elle diminuait sensiblement le nombre des troupes
affectées au service de la place, nous mîmes sur pied pareil
nombre d'habitants en état de porter les armes, que nous
coudoyâmes. A toutes ces précautions, nous joignîmes celle
de nous procurer, pendant que nous avions encore les
dehors libres, une provision de fascinage et de bois à brûler, surtout pour le service des vivres et de l'hôpital. Nous
abattîmes tous les mûriers, amandiers et oliviers du territoire, dont l'ennemi aurait pu d'ailleurs profiter, le tout
de gré à gré avec les particuliers et sous la condition ex-
presse de l'indemnité qu'accorde la loi à tout propriétaire

---

(1) Le poste de Cesco était sur le plateau au sud-ouest de Calvi ; le
fort Mozzello existe encore en très mauvais état ; quant aux batteries
des Sans-Culottes et de Marat, leur emplacement ne peut être déterminé
d'une façon bien certaine. La première se trouvait vraisemblablement
près de la tour ; la seconde était sans doute près de la mer, entre le
fort Mozzello et le couvent de San Francesco. Les grandes routes
n'existaient pas.

qui sacrifie ses possessions à l'utilité publique. Nous fîmes emplir les citernes à grands frais; nous nous procurâmes quelques bestiaux, mais en trop petite quantité et avec des peines infinies. Malgré nos soins, la viande fraîche nous a par malheur manqué de bonne heure, surtout pour l'hôpital, et ce n'est pas un des moindres maux que nous ayons souffert, puisque, après avoir tué pour les malades, qui étaient en fort grand nombre, mulets, chevaux, et jusqu'à des ânes, ils ont été pendant quinze jours réduits à n'avoir d'autre bouillon que de l'eau mêlée d'un peu d'huile, comme on le verra dans la suite de ce narré. Nous expulsâmes plusieurs personnes tenues pour suspectes.

» Toutes choses ainsi préparées en raison proportionnelle de l'intégrité de nos moyens et de nos ressources, nous attendîmes l'arrivée des ennemis. »

Le 9 juin, 5 ou 600 rebelles apparaissent autour de Calvi et occupent les hauteurs de Carlotto sans coup férir. Enhardis par ce premier succès, ils essaient, le 16, de s'emparer du fort Mozzello, mais ils sont repoussés avec pertes. Un soldat de la garnison est blessé dans une sortie.

Dans la nuit du 17, les rebelles, qui se sont retirés sur les hauteurs où ils cherchent à se fortifier, sont dérangés dans leurs occupations par quelques coups de canon tirés de la *Mignonne*. Le lendemain la canonnade continue et vers le soir, la garnison des forts fait une sortie qui repousse les assiégeants du côté de Puccarello. On forme le camp volant et la compagnie civique destinée au service de la place (1).

Le 20, le camp volant et la garnison du fort Mozzello font

---

(1) Le camp volant se composait de deux compagnies commandées par les lieutenants Léoni et Oréni.

La garnison de Calvi était formée par des détachements des 26e, 52e et 61e de ligne, les grenadiers du 2e bataillon des Bouches-du-Rhône, une compagnie franche des Alpes-Maritimes, deux compagnies corses et 26 hommes de Salis suisse; en tout environ 800 hommes.

une sortie; quelques rebelles sont tués. Le 21, le camp volant va s'embusquer à Santa-Catterina et tue un villageois dont il rapporte le fusil.

Le 22, une nouvelle opération, plus sérieuse que les précédentes, est encore tentée par le camp volant. A la pointe du jour, les 80 soldats qui le composent attaquent les hauteurs de Carlotto. On expédie de la place un renfort de 150 hommes et le feu dure jusqu'à 10 heures du matin sans que les ennemis puissent être délogés. La garnison perd un sergent français nommé Leroux et compte, de plus, un soldat blessé.

Dans la soirée du 23, un convoi de douze bâtiments anglais, protégé par une escorte composée d'un vaisseau de ligne, une frégate, deux corvettes et un brick, arrive à la pointe de la Revellata et se met en mesure d'opérer un débarquement qui a lieu vers 10 heures, malgré le mauvais état de la mer. Le lendemain, de très bonne heure, des ingénieurs anglais visitent les positions des rebelles. La garnison de Calvi renforce la batterie Marat par une traverse destinée à la couvrir des feux de terre, et décide la création d'une batterie sur la colline, en avant du fort Mozzello, entre le fort et la tour.

Jusqu'au 28, les Français et les rebelles se fortifient chacun de leur côté. Le 25, jusqu'à midi, la garnison des forts canonne les positions des rebelles, mais la plupart de ses boulets ne portent pas. Dans la soirée, il est encore tiré quelques coups de canon qui ne donnent pas de meilleurs résultats.

Un parti de rebelles était installé à la Pietra di Macaroni; le général Casabianca le fait attaquer, le 29, par le camp volant et le force à la retraite, malgré l'intervention des Anglais qui tirent avec deux canons des hauteurs de Puccarello. Les rebelles ont quelques hommes de tués et parmi eux le capitaine Sinibaldi, qui est à la solde des Anglais. La garnison de Calvi ne subit aucune perte.

Le 29, une tartane anglaise arrive vers minuit dans le golfe de Revellata et se dirige vers la baie d'Acellucia pour y déposer des munitions. Elle est aperçue par la garnison, qui la fait poursuivre par une canonnière et l'oblige à reprendre la mer. La nuit suivante, la même tartane revient dans le golfe et s'éloigne encore une fois sans parvenir à débarquer. Mais dans la nuit du 1er au 2 juillet, le résultat qu'elle cherche est atteint, grâce à l'appui d'une frégate qui s'est embossée à une portée de fusil de la pointe de Revellata.

Le 2, une pièce de 12 est débarquée par les Anglais à la pointe de Revellata. Elle est mise immédiatement en batterie, et tire sans l'atteindre, sur une canonnière de la place. Le lendemain, la frégate anglaise se rapproche de Calvi et vient jeter l'ancre en face de la batterie Marat. Deux coups de canon partis, pendant la nuit, de cette batterie l'éloignent un peu, et un vent violent qui souffle pendant toute la journée du 4, lui fait doubler la pointe de Revellata et reprendre la haute mer.

Jusqu'au 5, aucun fait saillant ne se passe sous Calvi. Ce même jour, les Anglais élèvent une batterie de trois pièces de 24 sur la hauteur de Catarasso et menacent le poste de Cesco, commandé par le lieutenant Subrini; les Français cherchent vainement à contrarier leurs travaux par une canonnade qui dure toute la journée. Vers 5 heures du soir, quelques bâtiments anglais viennent jeter l'ancre devant la citadelle et tirent quelques charges à blanc, dans le but évident d'intimider les défenseurs.

Le 6, à 3 heures du matin, la batterie anglaise de Catarasso ouvre son feu sur le poste de Cesco, et tire jusqu'à 7 heures du soir avec une incroyable activité. Ce poste, seulement armé de deux pièces de 8, est bientôt ruiné par les canons anglais, mais n'a à déplorer que la mort d'un canonnier partagé en deux par sa faute. Vers 8 heures, le général Casabianca fait soutenir le lieutenant Subrini par les deux compagnies du camp volant. Une heure après, le poste est assailli par deux colonnes ennemies, mais la défense est non moins opiniâtre que l'attaque. La place, le fort Mozzello et la batterie des Sans-Culottes font feu de toutes leurs pièces et après trois heures de combat les Anglo-Corses se retirent.

Un peu après minuit, un détachement de 100 marins est envoyé pour réparer le poste. Les parapets ont tellement souffert qu'il faudrait entièrement les reconstruire; on doit y renoncer, faute de temps.

Le 7, les batteries anglaises établies sur la montagne latérale continuent à battre tous les retranchements et à ruiner toutes les défenses de la ville. De nouvelles tranchées sont ouvertes par les Anglais contre le fort Mozzello et le corps de place.

Le 8, une nouvelle et sérieuse tentative est faite par les Anglais contre le poste de Cesco. Pendant toute la journée leurs batteries tirent sans discontinuer et vers 7 heures du soir, 1.200 Anglo-Corses, formés en trois colonnes d'assaut, partent des hauteurs de Vittarino, de Puccarello et des Capucins. A la faveur de l'obscurité, ces colonnes s'avancent jusque sous les embrasures de la batterie; elles sont reçues par le capitaine Léoni qui, à la tête d'une soixantaine d'hommes, épuise contre eux toutes ses munitions et finalement les accable à coups de pierres. Le camp volant se porte en partie sur la gorge du poste et en partie sur les derrières de l'ennemi. La place, le fort Mozzello et la batterie des Sans-Culottes tirent à mitraille; 60 hommes commandés par le capitaine Castelli marchent de Campo-Losso sur Cesco; 150 fusiliers et grenadiers sortent de Calvi et le succès, un instant compromis, ne tarde pas à se rétablir à l'avantage des Français.

Par trois fois les Anglo-Corses reviennent à l'assaut; ils sont repoussés chaque fois et le combat finit, vers 11 heures du soir, par la retraite des assaillants dont un certain nombre sont tués. Les Français, mieux partagés, ne perdent qu'un seul homme et n'ont que cinq blessés.

« Tous les républicains qui ont concouru à la défense ont fait preuve, dit Arena, de courage et d'intrépidité ; les canonniers surtout sont au-dessus de tout éloge. Siméon, officier d'une compagnie française, a montré dans cette circonstance, un courage et une activité extraordinaires. »

« Tout le monde s'y est signalé, dit d'autre part Casabianca, sans en excepter les femmes de la ville, qui, avec une intrépidité supérieure à leur sexe et à travers le feu d'enfer de l'artillerie chargée à boulets et mitraille et d'une nombreuse mousqueterie qui tira de nuit sans point fixe, y pénétraient chargées de cartouches à balles et d'autres munitions qui commençaient à manquer. »

Le 9, à la pointe du jour, les Anglo-Corses, dont les attaques contre Cesco ont eu pour effet de masquer d'autres travaux poussés avec vigueur pendant la nuit, ouvrent un feu très vif. Six pièces de 24, établies à la Pietra di Macaroni, à 400 mètres de Mozzello et de la batterie des Sans-Culottes, une batterie de mortiers placée à Puccarello, une autre de mortiers et de canons établie à Stucoinelle, une quatrième à Acellucia, une cinquième à la pointe de Revellata, enfin celle de Catarasso, en tout 17 bouches à feu, écrasent la batterie des Sans-Culottes, démontent quelques pièces et ruinent totalement le donjon du fort Mozzello.

La défense se multiplie pour faire face à tout. « Nous leur fîmes aussi beaucoup de dégâts, dit Casabianca en parlant des Anglo-Corses, mais en général cette journée nous a été très désavantageuse, tant pour le dommage causé à l'artillerie et aux ouvrages que par la perte de trente hommes tant canonniers que fusiliers, tués ou blessés ; vuide considérable sur une aussi faible garnison qu'était la nôtre, et tel que si les choses eussent continué sur ce pied, nous n'eussions pas pu tenir encore huit jours ».

Dans la soirée, on prend le parti d'abandonner le poste de Cesco, qui n'est plus tenable et se trouve d'ailleurs coupé du corps de place. On fait éclater le seul canon qui n'a pas été démonté et la garnison se retire en bon ordre, après avoir rasé quelques parties de parapets que l'ennemi pourrait utiliser.

« Les bombes, rapporte Casabianca, firent aussi un grand fracas dans la ville; elles débutèrent par y écraser deux hommes, plusieurs maisons et un de nos magasins à vivres. Le travail de la nuit rétablit un peu nos batteries et le lendemain nous prîmes une très bonne revanche; la batterie anglaise très voisine de celle des Sans-Culottes fut entièrement démontée; un de nos obus mit le feu à un magasin de poudre et d'artifices et à 26 obus des Anglais qui étaient proches. Nous les entendîmes tous éclater; nous nous flattâmes de leur avoir tué beaucoup de monde. Ils nous ont assuré après le siège que parmi plus de 50, tant officiers que soldats qui se trouvèrent là au moment de l'explosion avec le général Stuart, pas un n'avait été même blessé. Ce hasard serait inouï, et une telle déclaration de la part d'un ennemi nous a paru avec raison fort suspecte. »

Pendant toute la journée du 10, l'ennemi n'en continue pas moins son feu avec une très grande activité. Deux des embrasures de la batterie des Sans-Culottes sont ruinées et un certain nombre de bombes vont s'abattre sur la ville, sans y causer d'ailleurs de très grands dommages. La garnison de Calvi répond de son mieux à la canonnade des assiégeants, mais deux de ses mortiers crèvent et quelques affûts se rompent, ce qui l'oblige à modérer son tir (1).

---

(1) « Le 27 messidor (15 juillet), dit Casabianca, on arrêta un paysan qui fut reconnu pour être sûrement attaché au parti de la République; il nous apprit que nos bombes ne faisaient pas grand mal à l'ennemi;

On travaille, pendant la nuit, à réparer la batterie des Sans-Culottes.

Jusqu'au 12, la canonnade garde encore toute son ardeur. Les plus grands efforts de l'ennemi sont tentés contre le fort Mozzello et la batterie des Sans-Culottes, dont la possession permettra de battre Calvi à moins de 120 toises de distance. Les Anglais construisent une nouvelle batterie au bord de la mer et renforcent de quatre canons celle de Pietra di Macaroni. Les Français essaient vainement de riposter ; la batterie des Sans-Culottes est hors d'état de faire feu et le fort de Mozzello a trois pièces de canon qui sont démontées et rompues.

Le 13, à la pointe du jour, la batterie des Sans-Culottes est évacuée; sa garnison se retire dans le fort Mozzello en emmenant avec elle un canon de 8 et ses munitions. La voûte du magasin à poudre de Mozzello étant sur le point d'être enfoncée par les obus, une forte corvée, commandée par le capitaine François, se porte sur la brèche, pendant la nuit, et se met en mesure de la réparer avec 800 sacs à terre, une centaine de matelas pris chez les particuliers, quelques peaux de bœuf et des peaux de chèvre. Trois

---

mais que notre canon lui avait tué bien du monde et lui avait brisé deux mortiers; en effet nous remarquâmes qu'ils nous envoyèrent dans une pièce de 24 un tourillon de mortier. Il n'était pas surprenant que nos bombes ne fissent que peu ou point d'effet; les mortiers, que nous avions en très petite quantité, étaient fort vieux et devenus, en se déformant, d'un calibre trop fort pour nos bombes qui, n'étant plus justes dans l'âme du mortier, se brisaient par des secousses latérales quelquefois en sortant, ou bien à un quart, un tiers ou moitié de leur période. Il est d'ailleurs reconnu théoriquement et pratiquement qu'un mortier qui a jeté de 900 à 1.000 bombes, si bon qu'il ait été, est hors de service; plusieurs des nôtres dataient de 1686, et étaient si usés, eux et leurs crapauds, qu'un d'eux, avec un quart de moins que sa charge ordinaire, brisa net ses deux tourillons et le crapaud. D'un autre côté, nous avions quatre bons obusiers, mais il n'existait dans la place que 140 obus, qui, de l'aveu même des Anglais, leur ont fait seuls plus de mal que tout le reste de notre artillerie ensemble ; mais ils furent bientôt épuisés. Nous nous trouvions à ces moyens avec beaucoup de bombes sans mortiers, et des obusiers sans obus. »

hommes intrépides, Pierre Gicot, capitaine de barque, Philippe Henry, second-maître, et François-Baptiste, marin à bord de la *Marie-Anne*, disposent les sacs et les matelas sous le feu de l'ennemi et ne veulent accepter aucune récompense.

Pendant toute la journée du 14, les batteries anglaises envoient des boulets rouges sur le fort et ne parviennent à brûler que le côté d'un affût. La place tire à ricochet sur la batterie de Pietra di-Macaroni et lui endommage quelques parapets. Elle reçoit, de son côté, une telle quantité de bombes et de boulets que les plus anciens officiers d'artillerie déclarent ne jamais avoir rien vu de pareil. Dans la soirée, la batterie de Pietra di-Macaroni renonce à tirer sur le fort Mozzello et concentre tous ses feux sur le corps de place et la batterie Marat. Pendant la nuit, une bombe met le feu à une maison de la ville. Le capitaine François, avec 60 hommes de corvée, fait réparer les brèches du fort Mozzello et y emploie 500 sacs à terre remplis dans le courant de la journée. Pierre Gicot, Philippe Henry, François-Baptiste et le maître d'équipage François Maurin, de la frégate *la Mignonne,* s'acquittent encore de la dangereuse mission de placer les sacs. Un marin a la cuisse emportée par un boulet dans la batterie Marat. Une bombe tombe sur la porte d'entrée de la maison du représentant et l'enfonce sans éclater.

Le lendemain, la canonnade continue avec la même intensité que les jours précédents. « Nous ne donnions point de relâche à nos ennemis, dit Casabianca, mais leur position était si avantageuse, tant par le choix du local qu'ils avaient à leur gré que par la sûreté avec laquelle ils pouvaient faire agir le nombre de bras qu'ils avaient et qui nous manquaient, qu'ils ne paraissaient nullement embarrassés de pourvoir à tout. Ils nous envoyaient de minute en minute, et souvent ensemble et sur différents points, jusqu'à quatre bombes, autant d'obus et dix coups de canon, enfin tout ce que leur rage pouvait imaginer de plus destructif. Leur artillerie était pour lors de 38 bouches à feu de diverses espèces, ce qui les mettait à même de faire un feu continuel. Les canonniers marins qui étaient avec nous crurent reconnaître, dans la justesse du jet des bombes, la main d'un bombardier toulonnais extrêmement adroit, qui ne manquait presque pas un coup. Aussi ces deux jours (14 et 15 juin), ils rendirent la ville méconnaissable; une bombe entre autres frappa la porte extérieure du magasin à poudre; une autre de 50, partie d'un obusier espagnol, entra presque horizontalement par la fenêtre d'un hôpital, y coupa les deux jambes d'un soldat du 26e régiment, qui en mourut, et blessa quantité de malades. Pareil accident arriva dans le logement des 26e et 52e régiments. Pour surcroît de maux, l'infection qui se faisait sentir par la chaleur excessive de la saison dans des cachots déjà très malsains et très puants, et ne contenant que peu de personnes, augmentait de jour en jour par la quantité de femmes, d'enfants et de vieillards que l'on avait été obligé d'y amonceler, Calvi n'ayant pas d'autres endroits à l'abri de la bombe que les petits cachots et le magasin à poudre, en sorte que la contagion ne devait naturellement guère tarder à s'introduire dans un pareil cloaque. »

Jusqu'au 20, le feu des ennemis continue si terrible que tous les ouvrages extérieurs sont ruinés. Le feu du corps de place est aussi de la dernière vivacité. Le 16, une pièce de 24 est établie, par les Français, au camp d'Alla-Vacca, du côté de la terre. Le 17, une bombe tombe chez le représentant et une autre sur la maison Brunelli. Le 18, un sergent du 26e est tué par un obus et une religieuse du faubourg, appelée sœur Clémence, est rasée de si près par un boulet, qu'elle en perd la respiration pendant quelques secondes. Le 20, une bombe ennemie, qui tombe encore au pied de l'escalier de la maison du représentant, tue ou blesse neuf personnes. « C'est, dit Casabianca, une des plus meurtrières qui nous soient arrivées. Elle fit un effet qu'on peut citer comme unique peut-être. Une femme qui tenait sur son bras droit un enfant à la mamelle eut le bras coupé au défaut de l'épaule par un éclat de cette bombe ; le bras séparé du tronc fut jeté au loin avec l'enfant qui était dessus sans que ce dernier ait été blessé. Dans cette dernière journée, qui fut cruelle, on visita, d'après un arrêté pris, le fort Mozzello qu'on ne cessait de canonner depuis 10 jours ; il s'y trouva deux brèches, dont une praticable pour 8 ou 10 hommes de front et l'autre plus petite. Le soir on envoya des travailleurs pour tâcher de réparer ces brèches. Le même soir, la garde du fort fut relevée par la compagnie des grenadiers du 2e bataillon des Bouches-du-Rhône, renforcée par 20 fusiliers, formant en tout 60 hommes commandés par le citoyen Fréjus, capitaine de ces grenadiers. Après deux alertes, dont il ne fut donné avis au général et à la place ni par les trois signaux convenus, ni par aucune ordonnance, les Anglais, un peu avant le jour, se présentèrent au Mozzello. La compagnie des grenadiers des Bouches-du-Rhône plia de suite, se sauva en sautant du parapet dans le fossé du fort du côté de la ville. Les Anglais, sans avoir essuyé d'autre feu que 7 à 8 coups de fusil et quelques grenades, furent maîtres de ce fort avant que la ville s'en doutât. La lâcheté de cette compagnie et le peu de fermeté de son commandant entraînèrent, avec la perte du Mozzello, celle des batteries dites Sans-Culottes et Marat, qu'il fallait abandonner, parce que le feu du Mozzello qui les protégeait dans nos mains les foudroyait dans celles des Anglais. »

Le camp volant, qui était de garde et s'était opposé de toutes ses forces pendant une heure à la marche des assaillants, se retire sous le fort Mozzello, qu'il croit encore au pouvoir des Français. Quelques-uns de ses hommes sont faits prisonniers, mais le plus grand nombre s'échappe et arrive dans la place. La désastreuse surprise du 21 nous coûte toutefois, indépendamment de la perte des ouvrages, 6 pièces d'artillerie de gros calibre, plusieurs autres moindres et une pièce de 4. Deux fusiliers du 61e, qui font partie du camp volant, sont tués en entrant dans le fort. Un canonnier, resté seul à son poste, est massacré au moment où il met le feu à deux bombes chargées qu'il veut faire rouler sur l'ennemi.

Les grenadiers des Bouches-du-Rhône ont une douzaine de blessés. « Ce ne fut, dit Casabianca, ni par le fer ni par le feu, mais par des estropiades qu'ils se firent aux pieds et aux jambes en escaladant le rempart pour se sauver par les derrières, comme il fut constaté par le certificat du chirurgien-major de l'hôpital qui fut chargé par le conseil de guerre de les visiter et d'en faire son rapport (1). »

Après la prise du fort Mozzello le feu des ennemis se concentre sur la place. Bien que le drapeau noir ait été arboré sur l'hôpital, les malades ne sont pas épargnés. Le général Casabianca prend le parti d'envoyer deux parlementaires au général Stuart, qui commande l'armée anglaise. Il le prie, au nom de l'humanité, de ne pas occasionner des souffrances inutiles.

Vers 4 heures, un adjudant général anglais, précédé d'un tambour, se présente, de son côté, aux portes de la ville. Le feu est suspendu et l'officier est conduit, les yeux bandés, devant le général Casabianca, qui assemble aussitôt un conseil de guerre. Le parlementaire anglais est porteur de deux lettres du général Stuart qui sont adressées, l'une

---

(1) La conduite de ces grenadiers parut en effet si lâche qu'un conseil de guerre fut convoqué « pour examiner le procédé de cette troupe et de son commandant ». Le 27, ce conseil de guerre, composé de militaires de tout grade, fit arrêter le capitaine Fréjus, qui fut incarcéré sur la *Melpomène*. La capitulation de Calvi se produisit assez à temps pour lui sauver la vie. Les grenadiers des Bouches-du-Rhône furent mis au dernier rang de la garnison et déclarés hors d'état d'être présentés en première ligne à l'ennemi.

au général Casabianca et l'autre à la municipalité de Calvi. Elles contiennent une sommation de rendre la place « attendu l'état où elle est réduite et l'impossibilité d'être secourue du continent ». Ces deux lettres sont lues publiquement et ne soulèvent que des protestations indignées. Le parlementaire est congédié.

Il avait été convenu, une fois pour toutes, que lorsque des parlementaires seraient envoyés, leur retour serait annoncé par un roulement de tambour après lequel chacun des deux partis serait libre de rouvrir le feu. « Ceci fut exécuté, dit Casabianca, mais nous ne crûmes pas devoir recommencer le feu le soir, parce que nous avions des travaux considérables à faire la nuit pour réparer autant que possible le dégât fait aux embrasures de la place dans la journée et les jours précédents. Nous jugeâmes plus à propos de mettre à profit ce peu de relâche. L'ennemi, quoique assaillant, n'ayant pas non plus commencé à faire feu, nos travaux furent poussés cette nuit avec toute la vigueur possible. Le lendemain, 2 thermidor (1), voyant que l'ennemi restait dans l'inaction, il fut mis en délibération dès la pointe du jour si nous commencerions à tirer. Le commandant et les autres officiers de l'artillerie, consultés, ne furent point de cet avis. Le garde-magasin donna l'état très exact de la poudre qui nous restait; il ne s'y trouva plus que 2,270 livres de poudre pour le service de l'artillerie et 145,300 cartouches d'infanterie. Il fut calculé, d'après la consommation antérieure, qu'en continuant le feu sur le pied où il était monté les jours précédents, cette poudre serait consommée en moins de 6 jours ; qu'ensuite il ne nous resterait plus rien pour répondre à l'ennemi qui paraissait disposé à nous laisser consommer nos munitions

---

(1) La note du général Casabianca et le journal de Barthélemy Arena ne s'accordent pas sur les dates. C'est ainsi que le général Casabianca place au 2 thermidor (20 juillet) des faits qui, d'après Arena, n'ont pu se passer que le lendemain. Il faudrait lire ici : 3 thermidor.

en épargnant les siennes ; qu'au lieu de risquer de tomber par faute de munitions à la discrétion de l'ennemi, nous devions au contraire les ménager et retarder jusqu'à la dernière extrémité la perte de la place, afin d'être toujours à même de profiter des secours qu'on nous promettait toujours de France, en cas qu'ils arrivassent à temps.

« On fut convaincu par le rapport des officiers d'artillerie et plus encore par l'expérience que le plus grand feu que nous pourrions faire serait toujours insuffisant pour empêcher l'ennemi qui trouvait partout de l'abri dans les inégalités d'un terrain d'où il avait le choix de pousser à l'aise et sans risques ses travaux. On sentit d'ailleurs que réduits comme nous l'étions au seul corps de la place, après la perte de tous les ouvrages extérieurs, il était de la dernière importance de travailler sans relâche à rétablir les parapets ruinés par le feu continuel d'une artillerie nombreuse qui faisait l'objet le plus destructif sur une maçonnerie très mauvaise de sa nature, ayant été construite avec de l'eau de mer. Il était impossible de s'en occuper de jour ou de nuit, si l'ennemi venait à faire jouer 38 bouches à feu qui plongeaient sur la ville soit de front, soit de biais.

» Les avis se réunirent donc à employer utilement l'inaction de l'ennemi à bien réparer le parapet de la place et à mettre en usage tout ce que l'art et la nécessité pourraient faire inventer de meilleur pour sa défense, avec la précaution d'être toujours prêts à faire feu au premier coup que l'ennemi tirerait. Dès l'instant, il fut résolu de construire sur la place de la Liberté, qui domine la courtine de l'ouest de la ville, une batterie montée de gros canons et des mortiers, s'il était possible, pour faire feu d'amphithéâtre sur l'ennemi. Les travailleurs y furent appliqués le jour même, et toute la nuit. L'inertie de l'ennemi continuant, nous donnâmes nos soins à l'hôpital qui en avait très grand besoin. Le nombre des malades augmentait tous les jours par les blessures, l'intempérie de la saison, la multiplicité des travaux et du service, le manque de repos et surtout la petite quantité et la mauvaise qualité des aliments. La viande fraîche nous manqua absolument même pour l'hôpital. Nous prîmes le parti de tuer quelques mulets qui nous restaient pour faire du bouillon aux malades, d'après l'avis des officiers de santé qui jugèrent que cette viande ne pouvait absolument leur être malsaine. D'ailleurs nous étions bien forcés de recourir à ce misérable expédient, puisque la disette de tout était si grande qu'un œuf acheté pour restaurer un malade en danger a été payé trente sols d'argent; elle a été extrême par la suite, puisqu'un autre œuf a été payé le double du premier en argent et qu'après avoir consommé les mulets, il fallut tuer une jument et son poulain, ensuite quelques mauvais ânes, et qu'en dernière analyse nos malades n'ont eu d'autre bouillon qu'un peu d'huile dans l'eau.

» Quoiqu'on eût pris dès le commencement du siège la précaution de distribuer l'eau des citernes par rations pour éviter le gaspillage, cet objet de première utilité diminuait sensiblement. On fit sonder les citernes et d'après le rapport du chef du génie, il ne s'y trouva que 353,560 pintes d'eau pour la consommation de la garnison, des habitants, des vivres et de l'hôpital; on en resserra la distribution pour en prolonger la durée. La foule des malades qui encombrait l'hôpital et qu'on ne pouvait plus nourrir nous fit risquer d'en faire passer en France, sur un brick, 80 des mieux portants. Il partit de Calvi le 7 thermidor (25 juillet), mais il ne put échapper aux Anglais, qui nous tenaient étroitement bloqués; il fut pris et ramené le 9 à Calvi. L'équipage resta prisonnier, mais on nous rendit les malades. Cet accident nous jeta dans le plus grand embarras, comme les Anglais l'avaient prévu. Nous n'avions plus alors que le quart de notre garnison sur pied et à demi-malade. Malgré cela nous poussions nos travaux le plus activement possible ; les Anglais de leur côté ne s'épargnaient pas. Nous présumions bien qu'ils se mettaient en état de nous battre en brèche, mais nous ne pouvions plus les en empêcher. »

Le 30 au matin, les Anglais recommencent à tirer et démasquent plusieurs batteries, dont une de 12 pièces à droite du fort Mozzello, une de 3 pièces sur la gauche de ce fort et une autre de 2 pièces sur le Cesco. Vers 10 heures, le parlementaire anglais qui avait déjà été reçu précédemment se présente avec de nouvelles instructions. Il remet au général en chef, alors très malade, une lettre du général Stuart demandant la reddition de Calvi. Le général Casabianca le congédie et fait dire verbalement au général Stuart qu'il enverra une réponse écrite dans la journée. Un conseil de guerre, composé du général, du commandant de la place et de la municipalité, rédige cette réponse ; il y est dit, en substance, que la garnison n'est pas encore dans le cas de la capitulation, et que ce n'est qu'au dernier moment, et d'une manière conforme aux lois de la République, qu'elle y viendra. La réponse allait partir, portée par le capitaine des chasseurs corses Leoni et le citoyen Gounond, aide de camp du général en chef, lorsque le parlementaire ennemi revient avec une seconde lettre écrite en anglais. Le parlementaire la traduit lui-même, aucun Français présent à Calvi ne pouvant le faire, et le général Casabianca croit comprendre qu'elle contient l'offre d'une trêve.

« L'espoir de pouvoir donner par là le temps à la France de venir nous secourir nous engagea, dit Casabianca, à l'accepter. Le parlementaire anglais sortit pour aller porter cette réponse avec les deux parlementaires français au-dessus dénommés, chargés de porter la réponse à la première lettre écrite le matin. Ils ne furent point introduits dans le camp des Anglais, mais le général Stuart vint les recevoir, eux et leur dépêche, en avant de ses lignes. Ils rentrèrent à Calvi avec le parlementaire anglais porteur d'une troisième lettre du général Stuart. Nous y vîmes avec la dernière surprise que la traduction inexacte de la deuxième lettre du général Stuart avait donné lieu à un quiproquo. Le général anglais ne nous offrait point de lui-même la trêve, mais disait qu'il était prêt à l'accorder si nous voulions la demander; que, dans ce dernier cas, il ne nous donnait que six jours, lesquels expirés, il faudrait songer à capituler, si nous n'étions pas secourus de la France. »

Le général Casabianca, après avoir pris l'avis du conseil de guerre, fait dire au général Stuart qu'il accepte une trêve de 25 jours, à l'expiration de laquelle on entrera en pourparlers pour une capitulation, si la ville n'a pas été secourue. Le général anglais ne répond pas.

« Il est bon de remarquer, dit Arena, que, d'après l'état des vivres présenté au conseil de guerre, il ne restait plus dans la place que pour 29 jours de vivres pour la garnison sur lesquels il était [indispensable] d'en accorder au peuple; que l'hôpital était rempli de malades et qu'il n'y avait plus une livre de viande pour faire du bouillon; qu'il n'y avait ni huile ni lard, et que le manque complet de tout ajoutait à la position déplorable des malades. »

Dans la nuit du 30 au 31 juillet, quatre gondoles venant de France arrivent à Calvi sous le commandement du capitaine Rossi. Elles apportent 412 sacs de farine, 740 livres d'huile, du lard, du fromage, et un certain nombre de lettres, dont une de Saliceti, mais si ancienne de date qu'elle ne peut, en aucune façon, se combiner avec la situation du moment. Deux connaissements datés de Gênes, le 4 juin, annoncent l'envoi, non parvenu, d'une quantité d'objets d'approvisionnement qui ont été chargés par le pinque *la Société populaire* de Nice et la felouque *Léonidas*. Le général Casabianca en conclut que les Anglais tiennent complètement la mer et perd ainsi, de plus en plus, tout espoir d'être secouru.

Les farines apportées sont emmagasinées dans le Palais sous le feu même des Anglais, qui a repris avec intensité. L'opération est à peine terminée qu'une bombe disperse tout, hormis 50 sacs, dont on se servira le lendemain pour matelasser, à défaut de terre, l'endroit le plus exposé de la poudrière.

Le 1er août, à 10 heures du matin, l'adjudant général de l'armée anglaise se présente, encore une fois, avec une quatrième lettre portant à douze jours la durée de la trêve.

« Malgré toute la dureté de notre position, dit Casabianca, cette offre fut rejetée tout d'une voix et le parlementaire fut congédié avec cette réponse. Sur les 5 heures du soir, le feu des Anglais commença d'une manière violente avec les canons, les mortiers et les obusiers ensemble et de tous les points. Nous y répondîmes coup pour coup, malgré notre faiblesse et l'avantage de la position qu'aura toujours à Calvi l'assiégeant maître des dehors sur l'assiégé. Notre feu se soutint sur le ton le plus terrible. Nous chargeâmes la nuit les 4 gondoles qui nous avaient apporté des provisions, de femmes et d'enfants ; elles partirent pour la France, où elles ont eu le bonheur de pénétrer.

« Comme l'effort que nous faisions était le dernier et partant le plus opiniâtre, nous fîmes passer beaucoup d'autres femmes, d'enfants et de vieillards à bord de la *Melpomène*, parce que nous remarquâmes que les Anglais ménageaient cette belle frégate. D'un autre côté, nous ne voulûmes pas la brûler ni la *Mignonne*, parce que, dans le cas où la France nous eût secourus, c'était une force de plus et une perte de moins pour notre marine qui venait d'être fort affaiblie, et, si nous étions obligés de capituler, comme cela est arrivé, les conditions de l'ennemi eussent été moins dures. Mais nous en enlevâmes absolument toute la voilure et la toile neuve à voiles pour faire des sacs à terre et les cordages pour l'usage du siège, et notamment pour faire des crapauds de mortiers qui nous manquaient. Cela fait, nous ne discontinuâmes notre feu ni jour ni nuit ; mais la position de l'ennemi était si avantageuse que les canonniers les plus braves et les plus experts avouèrent que nous ne pouvions pas tenir longtemps [tête] à un ennemi qui pouvait faire jouer à un tiers de portée le triple de notre artillerie sur une ville enfilée de toutes parts. D'ailleurs nous n'avions presque plus de poudre, plus d'obus qui nous auraient le mieux servis ; il ne nous restait que deux mauvais mortiers qui n'étaient point de calibre avec les bombes. Le seul qui nous eût pu servir était un à la Gomer tout neuf qui fut mis hors de service avant le siège pour y avoir mis contre toute règle 25 livres de poudre pour lui donner une portée excessive. »

Le 2 au matin, tous les parapets des bastions de Campo-Vaccino, de Teste et de la courtine intermédiaire sont par terre, entièrement ruinés. La tour du Palais est écrasée, le petit magasin à poudre du bastion de Campo-Vaccino a sauté et le grand magasin est fortement battu en brèche ; l'arsenal est démoli et n'a plus de couverture. Quelques coups de canon — et il en est tiré jusqu'à 360 par heure — traversent l'hôpital et tuent un homme. Six maisons s'enflamment à la fois. Le grand magasin à poudre est évacué, « de peur, dit Casabianca, que l'ennemi ne s'avisât d'y tirer à boulets rouges ». Plusieurs citernes sont enfoncées ou ensevelies sous les décombres, et il n'est plus possible de se procurer ni eau ni vivres dans les magasins, qui sont foudroyés de toutes parts et de toutes les manières.

Le feu continue pendant toute la journée avec une intensité jusque-là sans égale. La garnison perd beaucoup de monde et les cadavres sont jetés à la mer.

Dans la soirée, la destruction de la ville est achevée (1).

(1) « Credo Calvi reso a questa ora, écrit d'Orezza, le 6 août, Pascal

Des maisons de la citadelle il ne reste plus que trois appartements qui n'ont pas été atteints.

La poudre commence à manquer et les vivres se font rares. La plupart des affûts sont rompus et toutes les machines de transport sont brisées.

La garnison, primitivement de 800 hommes, n'en compte que 150 en état de porter les armes, et n'a que 10 canonniers pour faire face aux 40 pièces des Anglais.

« Cette garnison, dit Casabianca, ne pouvant, malgré toute sa bravoure et sa bonne volonté, résister à 6.000 ennemis qui ne manquaient de rien, demanda au général en chef la permission de s'assembler et délibéra de lui adresser, ainsi qu'au commandant de la place et à la municipalité, un mémoire expositif de sa mauvaise situation, pour engager ses chefs à user envers l'ennemi de la voie de suspension d'armes que la loi n'interdisait point, laquelle, dans le cas qu'aucun secours n'arrivât de France, serait suivie d'une capitulation honorable.

» Avant de rien entamer sur cet article, il fut demandé au chef de l'artillerie, du génie, et au commissaire des guerres un rapport détaillé de l'état actuel des fortifications de la place et de ses munitions de guerre et de bouche. Ces rapports convainquirent de l'extrémité où on était et déterminèrent à écrire au général anglais pour accepter la

---

Paoli à son ami Peraldi ; il fuoco delle batterie nostre cesso per demmanda delli asseduti il primo del mese a mezzo giorno ; li due, il generale Stuart scrive che il trattato era prossimo ad una conclusione définitiva. La citta e distrutto intieramente, e rasate le cortine ; prese anche fuoco una consideravole quantita di polvere che fue moltissimo danno.

» Un corriere straordinario venute da Londra ha portate a lord Hood li ringraziamenti delle due camere per la liberazione della Corsica ; il ministero annunzia al cavaliere Elliot che appena arrivati li riscontri sul risultato della nostra consulta avrebbero spedito quanto era necessario per organizzare il governo costituzionale ». (Lettre communiquée par M. Peraldi, conservateur du musée d'Ajaccio.)

trêve de 12 jours qu'il avait offerte le 12 thermidor, toujours
à condition de ménager une capitulation honorable si la
place n'était pas secourue dans ce délai. Les renseigne-
ments pris sur l'état de la place nous avaient assurés que
ce terme de 12 jours était précisément celui où toutes espèces de munitions nous manqueraient. La poudre allait
être épuisée ; presque toute la garnison était ou périe ou
à l'hôpital ; les malades y mouraient faute d'aliments propres à les soulager ; ils n'avaient plus pour lors depuis
plusieurs jours que de l'eau et un peu d'huile pour bouillon. Le peu de monde qui nous restait était exténué de fatigues, de veille et de disette et portait en soi le germe des
maladies qui ont par la suite fait périr partiellement en
France presque toute la garnison de Calvi. Le juge le plus
sévère ne pouvait nous reprocher ni faiblesse ni lâcheté ,
irréprochables aux yeux de nos compatriotes comme aux
nôtres, la démarche que nous allions faire n'était point
encore une capitulation, mais seulement un préliminaire
à ce dénouement que le manque de secours amenait malgré nous. Nous ne voulions que des conditions honorables ;
toute autre manière de sortir de Calvi nous eût paru indi-
gne de nous et du nom français. Nous y eussions plutôt péri
jusqu'au dernier que de nous rendre à discrétion ou sous
quelque clause humiliante que ce pût être. Il fut donc,
d'après le vœu général, écrit au général Stuart pour accepter la trêve de 12 jours, suivie de la capitulation en cas de
non-secours de France (1). La réponse de ce général fut
que les circonstances étant changées , il ne consentait qu'à

---

(1) Le procès-verbal qui fut rédigé à cette occasion est à reproduire
entièrement ; le voici :

« L'an deuxième de la République française, une et indivisible, le
quatorzième thermidor, à onze heures du matin, au quartier général
à Calvi,

» Nous, général de division Casabianca commandant en chef en
Corse, le citoyen Gast, commandant de la place, et le conseil général

neuf jours de suspension d'armes, à condition que les articles de la capitulation lui seraient remis avant le coucher du soleil. »

Le conseil de guerre, assemblé, accepte la trêve telle

---

de la commune, se sont assemblés dans la maison qui sert de quartier général.

» Le général Casabianca a donné communication au commandant de la place et au conseil général de la commune d'un mémoire qui vient de lui être adressé par les chefs des corps, officiers, sous-officiers et soldats de la garnison, et du rapport qui lui a été fait par les citoyens Verquin, commandant du génie, Copin, commandant l'artillerie, et par le commissaire des guerres ; et après qu'ils ont constaté que les faits allégués dans les mémoires et rapports sont vrais, exacts, et sans aucune exagération ,

» Le conseil général, considérant :

» 1° Que le feu de l'ennemi a fait sauter un magasin à poudre, et qu'il ne reste dans la place que douze mille cent soixante-dix livres de poudre, ce qui suffirait à peine pour faire feu pendant deux jours ;

» 2° Que le grand magasin à poudre est percé par les boulets, et que le peu de munitions qui restent ont été déposées dans une tour dont la porte est en face des batteries de l'ennemi, qui ne peut pas être mise à l'abri des bombes et du canon ;

» 3° Que presque tous les canonniers sont morts, blessés ou malades, et qu'il n'en reste que 10 du corps de l'artillerie en état d'agir ;

» 4° Que les épaulements des bastions et des courtines qui font face au feu de l'ennemi sont entièrement ruinés et encombrés par les débris du magasin qui a sauté et par ceux des épaulements démolis, et les pièces hors d'état de jouer, et qu'il ne reste qu'une seule pièce en état de jouer ;

» 5° Que le Palais — le seul local ou caserne où la troupe est logée — a été en partie ruiné et incendié par les bombes et les obus, et [qu'] il ne peut plus abriter la garnison, battu depuis longtemps par des bouches à feu de gros calibre, et qu'il n'y a dans la place aucune casemate pour s'y reposer ;

» 6° Que les bombes ont fait écrouler la voûte d'un magasin aux vivres sis au Palais, et avarié une partie des farines ; et que par la continuation du feu les autres farines auraient été sujettes aux mêmes inconvénients, — les magasins n'étant pas à l'épreuve de la bombe ;

» 7° Qu'en conservant même toutes les farines sans ultérieurs accidents il n'y a de quoi nourrir la garnison et le peuple que pour 18 à 20 jours ;

» 8° Que la plus grande partie de la garnison est à l'hôpital, accablée par les fièvres, la dysenterie et par les blessures, et manquant, depuis un mois, de viande pour le bouillon, de remèdes et de rafraîchissements ;

» 9° Qu'une bombe a écrasé la maison où le boulanger de l'hôpital

que le général Stuart entend l'accorder, et le feu cesse de part et d'autre.

Le 3, dans la matinée, on expédie au général Stuart un projet de capitulation. Sur les 21 articles qu'il contient, 13 sont accordés entièrement, 2 le sont en partie, 2 sont soumis à l'approbation du roi d'Angleterre et 4 sont re-

---

travaillait et qu'il devient impossible de pouvoir faire passer le pain aux malades établis au faubourg ;

»10° Qu'il ne reste dans la place que 270 fusiliers dont environ 50 malades à la chambre, et que le nombre des malades augmente à raison de 25 à 30 par jour ;

»11° Que la garnison, n'ayant que du pain et des légumes sans assaisonnements, s'est nourrie pendant longtemps de viande de mulet, cheval et chat, qui a même manqué plusieurs jours ;

»12° Que cette garnison, épuisée par un blocus de quinze mois et par un siège de deux, excédée de fatigues, a manifesté beaucoup d'énergie, mais, étant réduite considérablement par les pertes qu'elle a essuyées, surtout par les maladies, elle ne suffit plus à garder une place démantelée contre une armée composée de 3.000 Anglais, des émigrés de Toulon et des rebelles de Corse, qui est établie sur les hauteurs de Mozello, à deux cents toises de la place, et qui domine, par son feu, tous les bastions ;

»13° [Que] les ennemis ont rasé ou incendié toutes les maisons de la haute ville, sans qu'aucun habitant ait manifesté le moindre regret du dommage qu'il souffrait pour la République, et depuis quatre jours ils battent en brèche deux bastions, une courtine à la fois et la tour du Palais ;

»14° Que l'arsenal est absolument ruiné et les affûts de rechange brisés ; qu'il ne reste aucun lieu sûr pour mettre les effets de l'artillerie en dépôt, et que la seule chèvre qui restait dans la place et tous les effets nécessaires au transport de bouches à feu et attirails nécessaires ont été brisés ;

»15° Qu'il y a impossibilité de défendre la brèche par la pénurie d'hommes qui restent en état de santé ;

»16° Que les fermetures des portes et ponts-levis sont brûlées, et même la porte intérieure endommagée ;

»17° Que, par les rapports de marins venant de Nice, il n'y a aucun espoir d'un prompt secours ;

»18° Qu'enfin la place, manquant de soldats et de canonniers, de vivres et de munitions, étant battue en brèche, qui, dans trois jours, serait praticable, ne peut résister plus longtemps au feu et aux efforts de l'ennemi.

Le conseil général, qui a manifesté jusqu'à ce moment la plus grande fermeté, se croit obligé, pour sauver les débris de la garnison et des

fusés. Voici quelle est, au surplus, la teneur de ce document :

Articles de la capitulation de la garnison de Calvi, en Corse.

ART. 1er.

Projet.

La garnison sortira de la place avec tous les honneurs de la guerre, ainsi que tous les employés qui tiennent au militaire.

Réponses du général Stuart.

La garnison et tout ce qui tient au militaire sortira de Calvi avec tous les honneurs de la guerre et déposeront leurs armes, drapeaux, canons de bataille et accoutrements, au lieu qui sera indiqué pour cet effet. Mais, en conséquence de leur courageuse défense, il est accordé qu'ils retiendront leurs épées ou sabres.

ART. 2.

La garnison s'embarquera le 10 août sur le quai de la basse ville, précédée de son artillerie de bataille, avec armes et bagages, tambours battants, mèches allumées et drapeaux déployés, pour être transportée au Port de la Montagne et non ailleurs.

La garnison s'embarquera le 10 août et sera portée à Toulon sur des bâtiments qui seront commandés pour ce service.

ART. 3.

Les frégates *la Melpomène* et *la Mignonne* serviront à transporter la garnison et les habitants.

Refusé.

---

habitants fidèles des événements inévitables dont ils sont menacés, de voter à l'unanimité pour l'acceptation de la trêve de douze jours offerte par le général anglais, lequel délai expiré sans que la place ait reçu de secours, elle sera rendue avec une capitulation honorable... »

» Signés à l'original : Franquet, Giovansanto, Albertini, Ceccaldi, Mastagli, Franciosi, Susini ; Roffo, maire ; Gast, commandant de la place; Casabianca. »

qui voudront la suivre; mais comme elles ne sont pas suffisantes, le gouvernement anglais fournira les bâtiments nécessaires à cet effet.

ART. 4.

Il sera fait un inventaire de toutes les pièces d'artillerie, munitions et agrès, et il sera nommé des officiers de part et d'autre pour constater l'état des magasins et apparaux et de tout ce qui appartient à la République française, et qui sera remis aux commissaires de Sa Majesté britannique dans l'état où ils se trouvent, duquel inventaire on prendra copie authentique de part et d'autre.

Accordé.

ART. 5.

Le commissaire national, les officiers et toutes les personnes attachées au service de la République, ainsi que tous les réfugiés corses, participeront à la capitulation du militaire et jouiront des mêmes conditions.

Accordé.

ART. 6.

Les habitants de Calvi et les réfugiés corses des deux sexes auront leur vie, leur honneur et leurs propriétés garantis. Ils pourront s'embarquer pour France immédiatement avec la garnison ou se retirer quand bon leur semblera avec leurs ménages, meubles ou marchandises, et avec la faculté de disposer de leurs immeubles, ou d'en jouir par leurs fondés de procuration.

Accordé.

ART. 7.

Les réfugiés qui préféreraient de rentrer dans l'intérieur, ou d'y envoyer leurs familles, auront la liberté de s'y rendre, et le gouvernement anglais leur fera resti-

Il faut que cet article soit référé à S. M. britannique, étant d'un sujet qui n'est pas immédiatement sous la direction du général.

tuer leurs biens, et les protégera,
afin qu'ils ne soient pas inquiétés
pour leurs opinions politiques ou
religieuses qu'ils ont manifestées
avant cette époque.

ART. 8.

Les papiers concernant la comptabilité du payeur de la guerre, ceux de l'artillerie et du génie, de la marine et de quelconque administration seront transportés en France.

Accordé.

ART. 9.

Les malades seront transportés en France le plus tôt possible et ceux qui ne pourront pas supporter la navigation resteront à l'hôpital de la basse ville, soignés par les officiers de santé et par les employés qu'on laissera, aux frais de la République et sous la direction d'un commissaire des guerres ou d'un autre officier qui en fera les fonctions; et lorsqu'ils seront en état de faire le trajet, ils seront conduits en France.

Accordé.

ART. 10.

La commune de Calvi sera maintenue dans la jouissance de tous ses biens, meubles et immeubles, et pourra en disposer conformément aux règlements, ainsi que de toute autre fondation qui lui appartient.

Accordé.

ART. 11.

Ni la commune, ni aucun particulier, ne sera sujet à payer aucune taxe ou contribution à cause des événements qui ont précédé ou accompagné le siège, ou de leurs opinions en matière politique ou religieuse, et chacun jouira du libre exercice du culte.

Accordé.

Art. 12.

Les habitants seront exempts du logement des gens de guerre ou de toute corvée militaire.

Accordé, quant à présent et à l'avenir, excepté dans les cas de nécessité extrême.

Art. 13.

Les acquéreurs des biens nationaux, et ceux qui les ont pris à bail, continueront d'en jouir.

Réservé à la considération de Sa Majesté pour les raisons rapportées au 7e.

Art. 14.

L'inscription qui est placée sur les portes de la citadelle : *Civitas Calvi semper fidelis,* y restera comme un témoignage honorable de la conduite, du caractère et de la vertu des habitants de Calvi.

Accordé.

Art. 15.

Les déserteurs ne seront pas réclamés, ni de part ni d'autre.

Comme il n'y a point de déserteurs des troupes de Sa Majesté britannique, cet article n'est point nécessaire.

Art. 16.

Les prisonniers qui ont été faits par les bâtiments de Sa Majesté britannique depuis qu'ils bloquent la place de Calvi, ceux qui ont été faits à Mozello, les marins pris sur le brick qui transportait les malades en France, les marins et les passagers qui allaient en France sur un bateau de poste arrêté auprès de Galeria, et qui sont en partie détenus sur les frégates, et d'autres dans le château de Corte, les marins qui ont été pris venant de France, ainsi que les canonniers qui y étaient embarqués, seront mis en liberté et pourront se retirer à Calvi ou en France, comme ils le jugeront à propos.

Refusé.

Art. 17.

Il sera fourni des passeports à deux gondoles qui iront en France, l'une au Port de la Montagne et l'autre à Nice, pour y porter les dépêches du général.

Accordé, pourvu que les gondoles ne partent pas avant le 6 août.

Art. 18.

Pour assurer la garnison, les habitants et les réfugiés, le général anglais ne permettra pas aux habitants corses dans l'intérieur et aux émigrés de cette ville d'entrer ni dans la place, ni dans la basse ville, jusqu'à ce que toute la garnison ne soit partie pour France.

Accordé.

Art. 19.

Les habitants de Calvi conserveront leurs armes et seront protégés par les forces de Sa Majesté britannique.

Refusé quant aux armes ; mais le peuple recevra toute protection de Sa Majesté britannique.

Art. 20.

Les officiers et les équipages des frégates, des bricks et des chaloupes canonnières jouiront des mêmes conditions que la garnison.

Accordé.

Art. 21.

Le gouvernement britannique sera seul garant de la présente capitulation.

Accordé.

Le général de division,

Signé : Casabianca.

Signé : Ch. Stuart, lieut. général.

Accepté,
Signé : Casabianca.

Jusqu'au 10, on ne s'occupe que des soins du départ et des détails consignés dans les articles de la capitulation.

Le général Stuart envoie de la viande pour l'hôpital et insiste d'une façon toute particulière pour connaître l'effectif de la garnison avant le siège. Une convention réciproque est acceptée aux termes de laquelle aucune communication ou correspondance ne doit se produire avec les rebelles. La ville est progressivement ravitaillée et le besoin de vivres se faisait d'autant plus sentir que, depuis quelque temps, la ration de pain était réduite. Une poule se vendait 18 francs, un œuf valait 1 fr. 50 et le papier-monnaie n'avait pas cours.

Dans la soirée du 9, le général Casabianca dépêche deux gondoles, l'une à Toulon, l'autre à Nice, avec des paquets pour les représentants du peuple.

Le 10, vers 10 heures du matin, la générale est battue dans Calvi et les quelques hommes qui composent la garnison, ayant à leur tête le général divisionnaire Casabianca et le général de brigade Abbatucci, se réunissent sur la courtine qui regarde Lumio. En commémoration de la journée du 10 août 1789, le serment républicain est prêté, avec cérémonie, par tous les assistants, puis la troupe se met en marche et sort de la citadelle, tambours battants et mèches allumées, ainsi d'ailleurs qu'il a été convenu dans la capitulation.

Les tambours et la musique des Anglais, rangés en bataille sur le parcours, répondent aux tambours français et rendent les honneurs militaires. Les armes, les pièces de canon et le seul drapeau que possède la garnison sont ensuite déposés le long du mur de la ville basse, à l'exception des sabres et des épées, qui sont laissés à ceux qui les portent. Les tambours ne sont pas rendus.

Les Anglais ont fourni sept bâtiments pour le transport du personnel rapatrié. L'embarquement est à peine commencé que les habitants de la citadelle accourent pour supplier le général Casabianca de les recevoir à bord. Les paysans rebelles se sont introduits dans la ville, à la suite des Anglais, et menacent de mort les patriotes qu'ils rencontrent. Le général Casabianca les renvoie au général Stuart, qui promet de leur faire rendre justice.

La garnison de Calvi reste en rade pendant trois jours, à cause du mauvais temps et des vents contraires ; le représentant du peuple, Barthélemy Arena, s'embarque sur une gondole et se dirige vers la France. Il rencontre chemin faisant cinq felouques qui se rendent à Calvi et il leur fait virer de bord pour les empêcher d'être prises. Arena arrive le 15 à Monaco et le 16 à Villefranche.

Le général Casabianca et la garnison mettent à la voile le 13 août et arrivent le 18 dans la rade de Toulon. On leur impose une quarantaine de seize jours, après laquelle ils sont reçus dans la ville.

En résumé, 150 hommes ont lutté pendant 38 jours contre 3.000 Anglais et ne se sont rendus que lorsque toute résistance est devenue impossible. Sur le pentagone de 120 toises de diamètre qui constitue la citadelle de Calvi, il a été jeté, de l'aveu même des Anglais, 24.000 boulets de campagne, 4.500 bombes et 1.500 obus.

« Les Anglais, dit Casabianca, furent extrêmement surpris en entrant dans Calvi de n'y voir que des décombres et de ne pas trouver dans la ville haute un seul endroit entier pour s'y loger ; ils ne pouvaient concevoir qu'une poignée de monde, exténuée de misère, de maladies et de fatigues, eût pu les arrêter si longtemps ; ils avouèrent que notre capitulation valait une victoire, et peut-être eût-elle été moins avantageuse s'ils eussent connu notre situation. Nous la leur avions toujours cachée avec une extrême précaution sous une contenance sûre et déterminée.

» Cette ville aurait pu tenir plus longtemps et peut-être même échapper aux Anglais, si la garnison eût été assez nombreuse pour permettre de garder les hauteurs qui la dominent et d'empêcher par là l'ennemi d'y placer de l'artillerie, et si elle eût été mieux approvisionnée, et en dernière extrémité secourue par la France ; mais tout cela nous a manqué. Au moment de la reddition de la place, il ne nous restait plus de vivres ni de munitions ; nous avions 450 malades à l'hopital qui manquaient de tout et prêts à périr de faim ; enfin nous avons éprouvé tous les maux à la fois.

» On ne cite point d'action d'éclat particulière, parce que le danger planant également sur tout le monde, tout le monde a partagé également le mérite de l'avoir bravé. On cite un trait de poltronnerie parce qu'il est réel, et que ceux qui s'y sont laissés aller ne peuvent le nier ; mais à cette tache près, qui ne gâte que ceux qui se la sont imprimée, tout y a été digne de la valeur naturelle aux Français. »

***

La capitulation de Calvi marque le terme de la campagne de Corse. Si l'étude que nous venons d'en faire avait besoin d'être justifiée, nous rappellerions que cette campagne et l'expédition de Sardaigne qui l'a précédée, ne sont pas aussi connues qu'elles devraient l'être.

« Sans doute, a dit M. l'abbé Letteron, chacun sait en bloc qu'il y a eu une expédition de Sardaigne à laquelle Napoléon prit part ; que les Anglais ont occupé la Corse et que cette île leur fut reprise par un détachement de l'armée d'Italie commandé par le général Gentili ; mais combien de personnes possèdent sur ces événements des notions, non pas complètes, mais simplement claires (1) ? »

On nous objectera que l'expédition de Sardaigne ayant abouti à un désastre, il eût peut-être mieux valu ne pas en parler. Nous n'avons pas cru devoir le faire, d'abord parce que l'expédition de Sardaigne n'est que la préface de la campagne de Corse, ensuite parce qu'il nous a paru que

(1) Pièces et doc., t. I, p. VI.

l'étude des fautes passées était encore le plus sûr moyen de ne plus en commettre de semblables dans l'avenir.

Quant à la campagne de Corse elle-même, on conviendra que les efforts glorieux des grenadiers du 61e, que les tentatives désespérées d'une poignée de braves pour conserver à la patrie les places de Calvi et de Bastia, ne sont pas faits pour déparer notre histoire militaire. Ce ne sont que des bribes, nous le reconnaissons, mais des bribes qui ont pourtant leur prix, du patrimoine d'honneur de la France.

ADDITIONS ET CORRECTIONS

———

PAGE 17.

La flotte de transport, qui était sous les ordres du capitaine Saint-Julien, se composait, le 21 décembre 1792, des navires dont voici les noms :

La Catherine (capitaine Tourre); *l'Aurore* (cap. Mahé); *le Saint-Esprit* (cap. Violet); *le Juste* (cap. Carnavan); *l'Utile* (cap. Guiton); *la Geneviève* (cap. Lion); *la Jeune-Aimée* (cap. Giloux); *l'Aimable-Sophie* (cap. Arnaud); *l'Elizabeth* (cap. Benedit); *le Saint-Michel* (cap. Flary); *le Saint-Jean* (cap. Dalmas); *la Paix* (cap. Friocourt); *les Bons-Amis* (cap. Monier); *le Bon-André* (cap. Luquet); *le Neptune* (cap. Méric); *la Vertu* (cap. Rouden); *le Jésus-Maria-Joseph* (cap. Beaussier); *le César* (cap. Plancheux); *la Fine* (cap. Rouden); *la Jeune-Julie* (cap. Urbin); *la Généreuse* (cap. Ducros); *l'Oranger* (cap. Lécuyer); *l'Aimable-Théréson* (cap. Tourrel); *la Vierge-des-Neiges* (cap. Bon); *la Providence* (cap. Langelier); *la Constitution* (cap. Cannac); *l'Optimiste* (cap. Roux); *la Sainte-Anne* (cap. Lieutaud); *le Fortuné-Joseph* (cap. Joseph Rouden); *la Vigne* (cap. Vittet); *la Nouvelle-Epreuve* (cap. Lignon); *la Jeune-Mion* (cap. Roustan); *le Jean-Baptiste* (cap. Blanc); *le Bon-Pasteur* (cap. Laforest); *l'Elizabeth* (cap. But); *le Jeune-Raphaël* (cap. Roustan); *la Marie-Scolastique* (cap. Lauzet). Il faut ajouter à cette liste le bâtiment, dont nous ignorons le nom, qui fut poussé par le vent sur les côtes d'Italie. (Voyez pages 34 à 60.)

Dans le courant du mois d'avril 1793, ces navires débarquèrent à Marseille les munitions de guerre et de bouche — d'ailleurs peu nombreuses — qui leur restaient de l'expédition de Sardaigne. Elles comprenaient notamment : 12 canons (dont 4 portés par la *Belle-Julie*), 5.134 boulets, 751 bombes, 27 affûts, 16 chariots, 94 roues, 9 caisses d'armes, 26 barils de mitraille, 5 barils de pierres à fusil, 137 barres de fer, 421 barriques à eau, 1.047 quintaux de bois, 166 barriques de vin, 151 boucauts, 25 caisses et 477 sacs de biscuit, 100 barils de bœuf, 23 barils de lard, 27 barils de morue, 55 caisses de fromage, 51 sacs de légumes, 37 sacs de riz, 2 barils et 9 jarres d'huile, 1 baril de vinaigre, 14 barils de sel, 210 sacs et 27 barils de farine. (*Archives départementales des Bouches-du-Rhône*, liasse L. 50, état n° 77.)

PAGE 48.

Quelques officiers, sous-officiers et soldats du bataillon d'Aix écrivirent à la société des *Amis de la Constitution*, à Aix, pour protester contre la lâcheté de la majeure partie de leurs camarades. Voici le contenu de leur lettre, dont nous respectons à la fois le style et l'orthographe :

Citoyen, frères et amis, nous croirions manquer à notre devoir et le même de ceux des véritables républicains si nous vous rendions pas compte de ce qu'il s'est passé dans notre malheureuse expédition de Sardaigne; je dis malheureuse : oui !

Nous partîmes de Villefranche, le 6 janvier dernier, pour aller joindre l'escadre qui nous attendait à la rade de Jaccio; après six jours que nous essuyâmes des vents contraire nous fûmes obligé de relâcher à Saint-Florent, sous les ordres du général Saint-Hilaire. De là, nous partîmes pour aller à Bastia, pour y prendre quelques jours de repos. Après six jours de relache, nous rembarquames pour remplir notre mission et notre devoir envers l'honnorable et invincible République française. Mais le contre tems survint de sorte que le général Saint-Julien, commandant le navire *Commerce. de Bordeaux*, fut obligé de nous faire reconnoître les côtes de France. C'est alors, frères et amis, que nous avons été forcé, de la part de quelques infâmes envers la patrie et insubordonné envers leurs chefs et supérieurs, à les débarquer, mettant sur nos corps leurs armes chargées pour faire feu sur nous, au cas que nous s'opposerions à leurs desseins. Cé là, frères et amis, que nous avons vû et connû que la patrie se servoient de beaucoup des gens de rien, et croyant avoir des hommes pour sa deffense.

Et il se trouvé que des lâches et perfides à la patrie et au serment qu'ils ont prêté de maintenir la liberté et l'égalité! Ce n'est pas là le devoir des vrais républicains; non! il n'y a nul homme républicain qu'il puisse dire le contraire; mais nous aurons la douce satisfaction de vous faire parvenir les noms de tous ses perfides à la suite de la présente.

Nous partîmes en second lieu de Villefranche pour joindre le reste de la flotte qu'il se trouvoit au Goujouan. De là nous sommes venû aux isles D'hières pour tacher de prendre le vent, pour nous conduire à Caillary, lieu du rassemblement et destinée où l'escadre devoit y être depuis quelques jours. Nous reconnûmes la terre de Caillary le 5 février dernier au soir; le général de la flotte fit signal d'attendre le lendemain matin pour entrer à la rade de Caillary, et donner des secours et protéger une partie du convoy des troupes qu'il été prêt à faire la descente par terre. Un vent contraire survint dans le courant de la nuit qu'il nous fit dépasser l'entrée de Caillary et nous conduit environ vingt lieues sous le vent. Nous restâmes à bataillé la mer pendant six jours consécutifs pour pouvoir remonté et accomplir notre dessein. Effectivement, le 15 février, nous mouillâmes à la rade de Caillary, où nous fîmes sçavoir au général de l'escadre notre arrivée en la dite rade; nous reçûmes l'ordre du général de débarquer le jour, moyenant que sa chaloupe vienne à bord de notre navire pour nous chercher, à l'entrée de la nuit, pour nous faire faire une fausse attaque et protéger la grande armée, qui étoit débarqué du côté de Sainte-Elie. Quelle joie, frères et amis, nous entendîmes de toute part de notre navire; de la part de nos braves volontaires et autres qui non jamais voulû abandonner leurs drapeaux, l'on n'entendoit que joie, cris et divertissement, vu que nous alions débarquer pour aller combattre les tirans, les traites et perfides à cette patrie sy chère, et protéger les braves défenseurs qu'il a été débarqués le 14 février. Pendant l'espérance de débarquer la mer devint agitée; le vent soufflé jusques au point à ne pouvoir pas débarquer; quel désespoir pour ceux quy sont vrais républicains et défenseurs de la patrie! Le lendemain, les vent restèrent à la même position qu'ils avoit commencés, toujours à empêcher le débarquement de nos troupes. Le 18, même mois, nous apprîmes le désordre et le malentendu des deux avant-garde, qu'il s'étoit fusillé parmi eux. A! frères et amis, quelle foudre et crève cœur pour des généreux défenseurs de la liberté, de se voir constraint à ne pouvoir donner aucun secours à nos frères et par surcroît, et pour nous abbatre tout à fait de sens, et de tout espoir, nous apprîmes sur notre navire que la plus grande partie des volontaires débarqués demandoit de toutes leurs forces à rembarquer et s'en retourner en France. A! traites perfides à la patrie! Quel est le serment que vous avoit fait de maintenir la liberté et l'égalité! A! volontaires insensés, qu'avez vous fait et dit nous voulons retourner en France! Quel désespoir pour des hommes, lequels il avoit party pour aller planter l'arbre de la liberté à Caillary et pour mourir dans le combat, d'être obligé de retourner en France sans y avoir cueilly les lauriers! D'après un tel événement, frères et amis, nous nous sommes consulter ensemble pour ne jamais perdre courage à cette expédition cy importante.

Le capitaine de notre navire reçû les ordres d'aller joindre le convoy à Sainte-Elic. Le 20, nous mîmes voile au vent pour y aller ; le vent n'étant guerre avantageux cé se quy nous obligea à rester jusques au lendemain, sans pouvoir les joindre. Le jour du lendumain, vinht-un, même mois, le capitaine du navire voyant que toute la flotte étoit à la voile pour France, il se mit en route aussi. O ciel! est-il possible que de bons et vrais frères républicains soyent exposé à un désagrément sy important! Nous vous exposerons, frères et amis, qu'en arrivant à Toulon l'on entend de toute part que des plaintes et mécontentement envers les volontaires de cette armée, attandû qu'il ny a, dans la quantité, qu'ils forcent le rembarquement; mais aussy il faut considérer que les volontaires qu'il ne se sont pas débarqués de leur navire à cause du mauvais tems et par ordre, puissent boire aux mêmes verres des ceux quy ont forcé le rembarquement. Nous avons été toujours subordonné aux ordres du général; que l'on nous éprouve à la même expédition s'il est nécessaires, ou autres ; de là vous verroit, frères et amis, que ce né pas la bouche quy parle; vous verroit et vous connoitroit que cé le courage et les cœurs des vrais généreux et défenseurs de l'honnorable et invincible patrie. Sé ce que nous désirons tous en semble.

Fait à la rade de Toulon, le 5 mars mil sept cent quatre-vingt-treize, l'an second de la République française.

> Chastan, capitaine; Maureli, capitaine; Audrit, sous-lieutenant faisant fonctions de capitaine ; Lalane, sergent-major; Bossy, sergent; Roulant, Lalane fils; Paget, sergent; Jean Soulas, Louis Mairtens, Raffy, Bourgès, volontair; Aillaud; André Bœuf, caporal; P. Meysin, caporal; Pons, volontaire; François Caudy, ne sachant écrire, a fait sa marque.

Pages 49 et suivantes.

On trouve quelques détails, sur les opérations contre la Maddalena, dans le récent ouvrage de M. F. Masson, *Napoléon inconnu; papiers inédits*, Paris 1895, in-8º, t. II. p. 417 et suivantes. M. Masson pense, avec Renucci, mais à tort, croyons nous, que ce fut Paoli qui fit échouer l'expédition de Sardaigne.

Page 73, note (1).

Nous avons commis une erreur que nous tenons à réparer : le bataillon de Colonna-Leca n'avait pas été formé par Casalta ; mais le bataillon de Casalta n'était plus à Ajaccio, on l'avait conduit à Bastia et il avait été remplacé dans sa garnison par le bataillon de Colonna-Leca. Casalta était hostile à Paoli ; Colonna-Leca et les chefs des deux autres bataillons de volontaires lui étaient, au contraire, entièrement dévoués. Quand les représentants réformèrent les bataillons corses de volontaires nationaux celui de Casalta fut conservé. Il prit part au siège de Bastia. (Voy. p. 111.)

Page 83, ligne 10.

Au lieu de : « *de forces* », lire : « *des forces* ».

Page 106, note 2.

« Il paraît probable que le camp de la Convention avait été établi sur le mont Calaverde, au nord-ouest de la tour de Fornali, afin d'en protéger les abords du côté de la terreet d'en renforcer l'action du côté de la mer ». (Krebs et Morris, *Campagnes dans les Alpes pendant la Révolution*. 1794-1795-1796, tome II, Paris, 1895, in-8°, p. 453, note 4). Nous avons eu connaissance de ce travail plein d'intérêt au moment où nous corrigions nous-même les dernières pages de celui-ci. On y trouvera, aux pages 440 à 465, une relation très documentée de la campagne de Corse.

Page 127, note.

Un journal du siège de Bastia a été publié par Musset-Pathay, *Relation des principaux sièges*, p. 325 et suiv. (avec un plan).

Page 131, ligne 6, mettre en note :

Le capitaine Nelson, commandant de l'*Agamemnon*, avait été placé à la tête des marins débarqués devant Bastia. Les troupes de terre étaient sous les ordres du colonel Villette. D'après l'amiral Jurien de la Gravière (*Guerres maritimes*, p. 66), ce fut dans une des batteries élevées contre les fortifications de Calvi, où il s'était rendu après la capitulation de Bastia, que Nelson perdit l'usage de l'œil droit. Un éclat de pierre enlevé par un boulet à l'un des merlons de la batterie lui occasionna cette blessure,

TABLE DES MATIÈRES

Expédition de Sardaigne.

Campagne de Corse.

Paris et Limoges. — Imprimerie militaire Henri CHARLES-LAVAUZELLE.

L'Armée française à travers les âges, par L. JABLONSKI (honoré d'une souscription du ministère de la guerre) :

TOME Ier. — Des origines de notre pays jusqu'à Philippe le Bel. — De Philippe le Bel à la bataille de Fontenoy. — Vol. in-18 de 500 p., broché. 5 »

TOME II. — De Louis XIV à la Révolution. — L'armée pendant la Révolution et sous l'Empire. — Volume in-18 de 480 pages, broché.......... 5 »

TOME III. — De la Restauration à 1848. — De 1848 à 1870. — Volume in-18 de 540 pages, broché.................... 5 »

TOME IV. — Le droit des gens, la préparation à la guerre, éléments qui composent l'armée, combattants et non-combattants, services administratifs. — Volume in-18 de 498 pages, broché. .... 5 »

TOME V. — Art militaire. — Historique des écoles militaires. — Historique des drapeaux français. — Volume in-18 de 425 pages, broché. .... 5 »

Histoire de l'infanterie en France, par le lieutenant-colonel Belhomme, du 73e d'infanterie (honoré d'une souscription du ministère de la guerre) :

TOME I. — **La Gaule :** les Galls, l'infanterie romaine, la Gaule romaine, l'empire d'Occident. — **La conquête franque :** Chlodowig, les Mérovingiens, les Carolingiens. — **La France :** les Carolingiens, les Capétiens, les Valois. — **L'armée permanente :** Charles VII, Louis XI, Charles VIII, François Ier, Charles IX, Henri III, Henri IV, Louis XIII. — Vol. in-8o de 400 p. br. 5 »

Tome II. — **Règne de Louis XIV :** De 1643 à 1661 : Mazarin et Letellier. — Louvois, de 1661 à 1691. — De 1661 à 1672. — De 1672 à 1679. — De 1679 à 1691. — Barbezieux, Chamillard et Voysin (1691-1715) : Barbezieux, de 1691 à 1701 ; — Chamillard, de 1701 à 1709 ; — Voysin, de 1709 à 1715. — Vol. in-8o de 496 pages, broché.................... 5 »

Tome III : *Sous presse.* — Tome IV : *En préparation.*

Précis de quelques campagnes contemporaines, par le commandant E. BUJAC, breveté d'état-major.

I. — **Dans les Balkans.** Ouvrage accompagné de 19 cartes et plans du théâtre des opérations (honoré d'une souscription des ministères de la guerre, de la marine et des colonies). — Volume in-8o de 336 pages, broché.... 5 »

II. — **Afrique.** (*Sous presse.*) — III. — **Asie.** (*En préparation.*)

Guerre franco-allemande de 1870-1871, par le capitaine Ch. ROMAGNY, ex-professeur adjoint de tactique et d'histoire à l'Ecole militaire d'infanterie, accompagné d'un atlas comprenant 18 cartes-croquis en deux couleurs (honoré d'une souscription des ministères de la guerre et de l'instruction publique et d'une médaille d'honneur de la Société d'instruction et d'éducation). — Volume grand in-8e de 392 pages, et l'atlas............. 10 »

GUERRE DE 1870. — **La première armée de l'Est.** — Reconstitution exacte et détaillée de petits combats avec cartes et croquis, par le commandant Xavier EUVRARD, breveté d'état-major, chef de bataillon au 2e tirailleurs algériens, ex-professeur d'histoire militaire à l'école de Saint-Cyr. — Volume in-8o de 268 pages............................... 6 »

Etude sommaire des campagnes d'un siècle, par le capitaine Ch. ROMAGNY, ex-professeur adjoint de tactique et d'histoire à l'Ecole militaire d'infanterie. — **Campagne de 1792-1806,** 1 volume (4 cartes). — **1800,** 1 volume (4 cartes). — **1805,** 1 volume (2 cartes). — **1813,** 1 volume (4 cartes). — **1814,** 1 volume (1 carte). — **1815,** 1 volume (1 carte). — **1859,** 1 volume (1 carte). — **1866,** 1 volume (4 cartes). — **1877-78,** 1 volume (3 cartes). — 9 vol. in-32, brochés, l'un. » 50 ; reliés toile anglaise.. » 75

Memento chronologique de l'histoire militaire de la France, à l'usage des sous-officiers candidats aux Ecoles militaires de Saint-Maixent, Saumur, Versailles et Vincennes, par le capitaine Ch. ROMAGNY, ex-professeur adjoint de tactique et d'histoire à l'Ecole militaire d'infanterie. — Volume in-18 de 316 pages, broché.................... 4 »

Le siège de Lille en 1792, par Désiré LACROIX. Ouvrage accompagné d'un plan pour suivre les phases du bombardement de la place (2e édition). — Brochure in-18 de 32 pages................... » 75

Paris, 11, place Saint-André-des-Arts.

Tableaux d'histoire à l'usage des sous-officiers candidats aux Écoles militaires de Saint-Maixent, Saumur, Versailles et Vincennes, par Noël LACOLLE, lieutenant d'infanterie. — Volume in-18 de 144 pages . 2 50

Précis historique des campagnes modernes. Ouvrage accompagné de 36 cartes du théâtre des opérations, à l'usage de MM. les candidats aux diverses écoles militaires. — Volume in-18 de 224 pages, broché. . 3 50

Les Leçons de la guerre, par Ch. DESPRELS, colonel d'artillerie en retraite, commandeur de la Légion d'honneur. — Vol. in-8° de 500 p., broché . 7 50

Souvenirs de guerre (1870-1871), par le colonel Henri de PONCHALON (honoré d'une souscription des ministères de la guerre, de la marine et des colonies). — Volume in-18 de 306 pages, broché. . 3 50

Sans armée (1870-1871). Souvenirs d'un capitaine, par le commandant KANAPFE. — Volume in-18 de 336 pages, broché. . 3 50

Crimée-Italie. — Notes et correspondances de campagne du général de WIMPFFEN, publiées par H. GALLI, ouvrage honoré d'une souscription du ministère de la guerre. — Volume grand in-8° de 180 pages. . 5

Le ravitaillement des armées de Frédéric le Grand et de Napoléon, par Ch. AUBRY, officier d'administration chef des bureaux de la direction du service administratif des corps de troupe du Gouvernement militaire de Paris. — Volume in-8° de 112 pages. . 2 50

[...] combats, retraite et négociation, par le commandant breveté [...]. — Volume grand in-8° de 560 pages, broché, imprimé sur beau papier, illustré de 51 magnifiques gravures, têtes de chapitre, culs-de-lampe, vignettes, accompagné d'un atlas contenant 19 cartes et 3 planches. . 20

Le Tonkin français contemporain, études, observations, impressions et souvenirs, par le docteur Edmond COURTOIS, médecin-major de 1re classe, ex-médecin en chef de l'ambulance de Kep, ouvrage accompagné de 7 cartes en chromolithographie. — Vol. in-8° de 412 pages. . 7 50

Guide de Madagascar, par le lieutenant de vaisseau COLSON. — Volume in-18, [...] accompagné de la carte de Madagascar au 1/4.000.000. [...]

Madagascar et les moyens de la conquérir, étude politique et militaire, par le colonel Gérin, de l'infanterie de marine. — Volume in-18 de 228 p. [...] avec carte au 1/4.000.000. . 3 50

Petit dictionnaire français-malgache, précédé des principes de grammaire malgache, mots usuels et expressions usuelles, par Paul SAMAT, d'après les vocabulaires des Pères missionnaires Webber, Ailloud, de la Vaissière, de [...]. — [...] par 226 p., relié toile. . 2 50

[several severely degraded lines illegible]

Campagne du Dahomey en 1890, avec un plan [...]

[...]